AF587304

STEPHANIE KIWITT

MÁJ/ MY

SPECTOR BOOKS

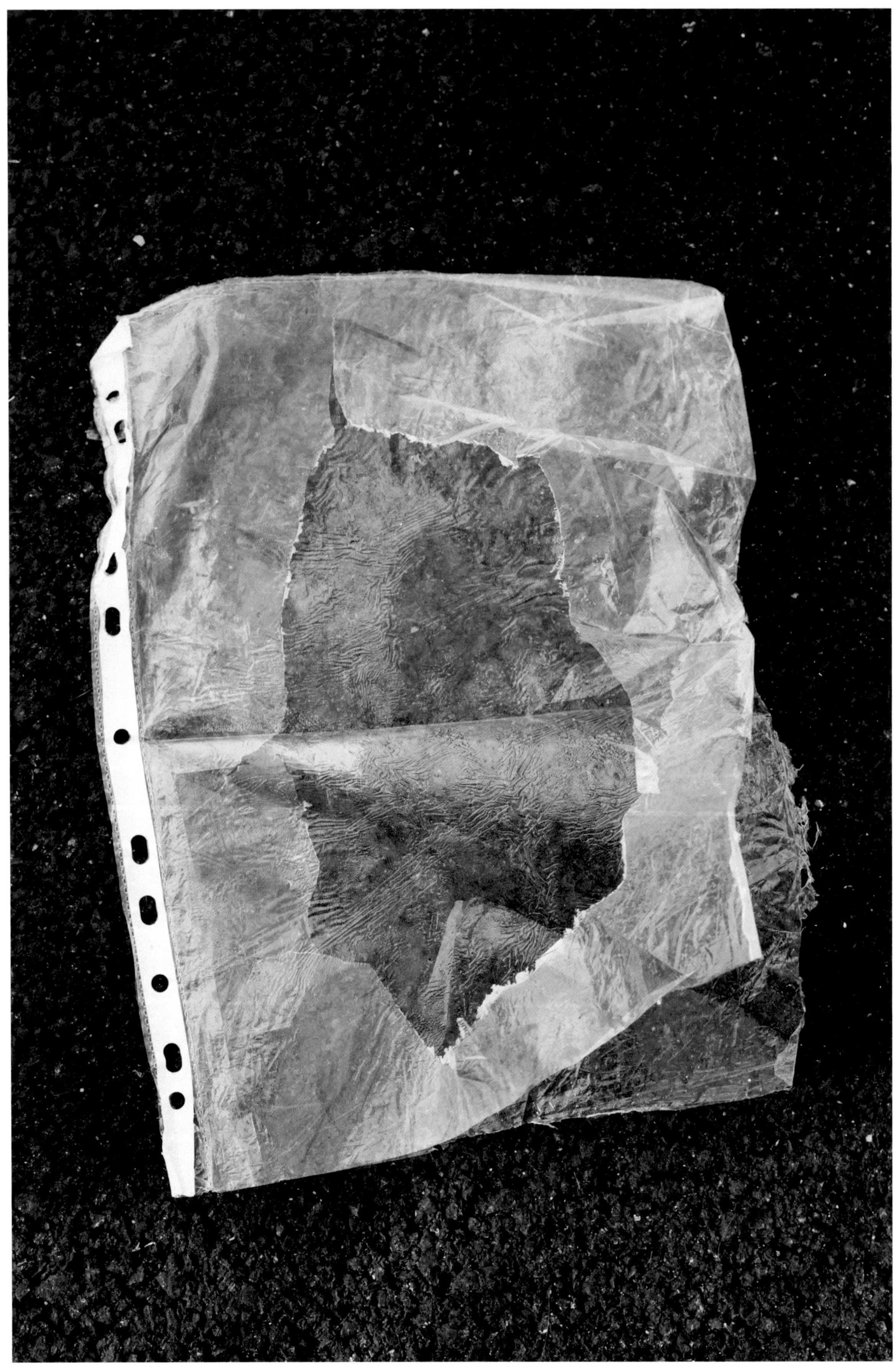

Fotografováno v Praze od listopadu 2015 do června 2018

Photographed in Prague from November 2015 to June 2018

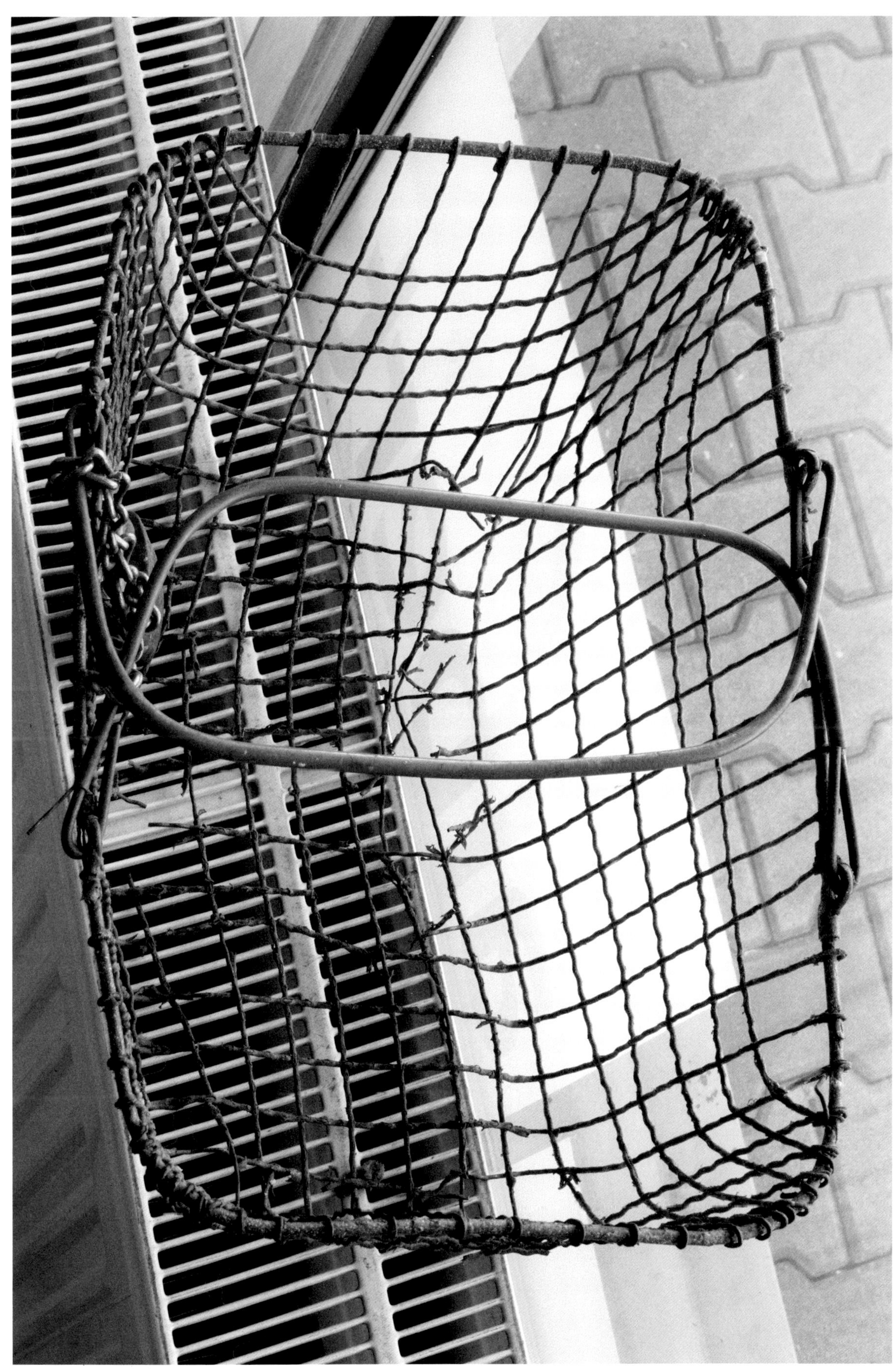

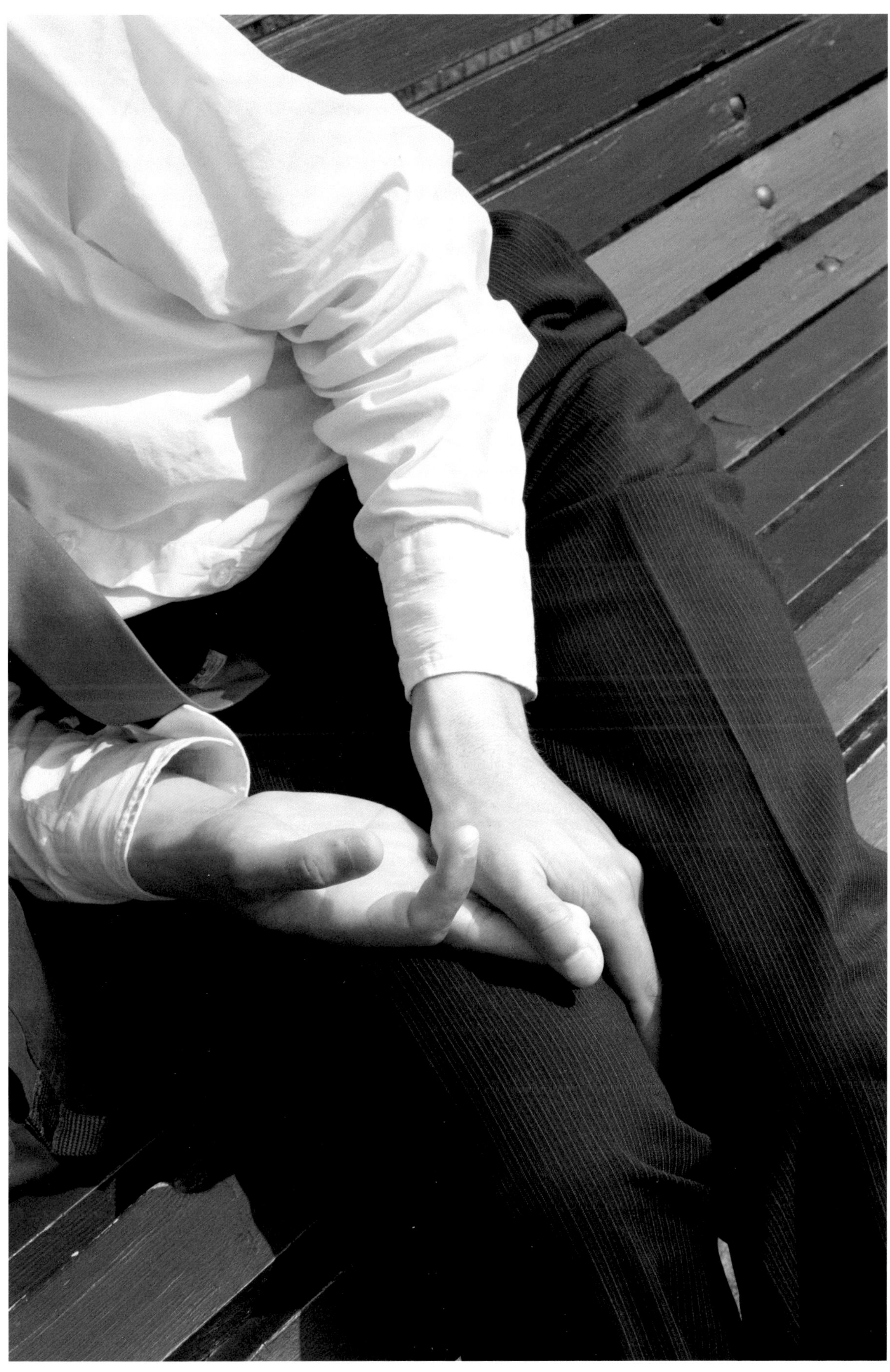

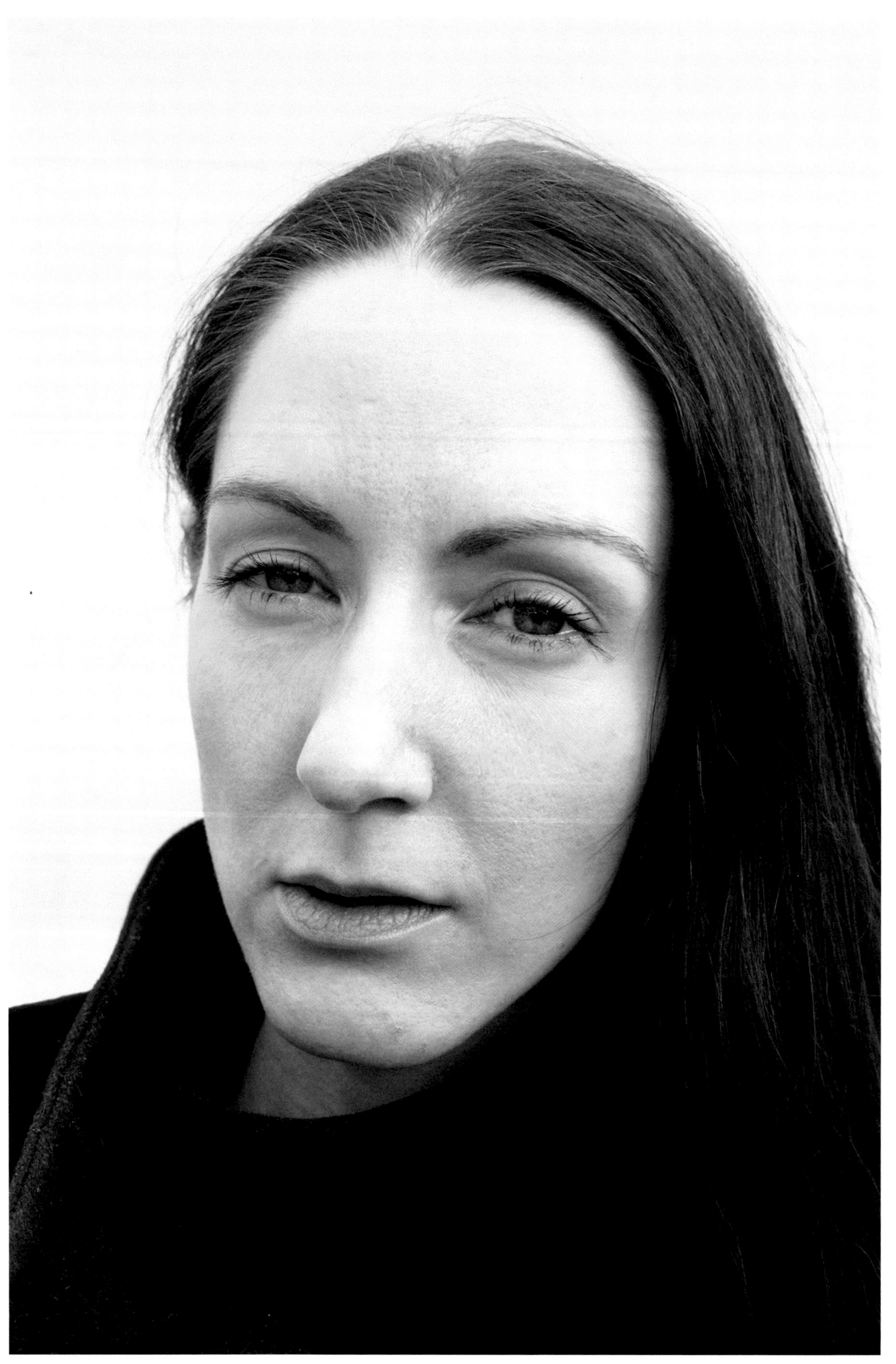

Na Národní třídě v Praze stojí obchodní dům, který byl otevřen v roce 1975 a až do konce socialistické éry se jmenoval „Máj“. Dnes se tomuto pátému měsíci říká „květen“, „máj“ je starší romantický název. V češtině je navíc úzce spjat se slavnou stejnojmennou básní Karla Hynka Máchy z roku 1836.

V roce 1996 se stal vlastníkem obchodního domu britský řetězec supermarketů Tesco a od roku 2009 mu změnil název na „My“. Pokud toto nové jméno interpretujeme jako anglické slovo „můj“, vztahuje se k individuu. Jistě není náhodou, že toto jméno zní vysloveno anglicky stejně jako staré jméno v češtině. Kdyby se však četlo česky, což ovšem nikdo nedělá, zní zcela jinak a vztahuje se k pospolitosti.

Kvůli příliš vysoké ztrátovosti začalo Tesco od roku 2017 prodávat několik svých českých poboček. Na jaře 2018 byl prodán také obchodní dům „My“.

On the Národní Třída (Avenue of the Nation) in Prague stands a department store that opened in 1975. Until the fall of the socialist regime it was called "Máj": the month of May. Nowadays the fifth month of the year is referred to in Czech as "květen". "Máj" is an older word that has a romantic quality and is closely associated with a famous poem of the same name by Karel Hynek Mácha written in 1836.

In 1996 the British supermarket chain Tesco purchased the store, renaming it "My" in 2009. If this name is interpreted as an English word, then it refers to an individual. It is surely no coincidence that this English name sounds much the same as the old Czech one. If pronounced, however, according to Czech phonetics, which no one ever does, it sounds quite different. Then it means "we" and refers to a collective.

Since 2017 Tesco has been selling off some of its stores in the Czech Republic because of financial losses. In spring of 2018 the department store "My" was also sold.

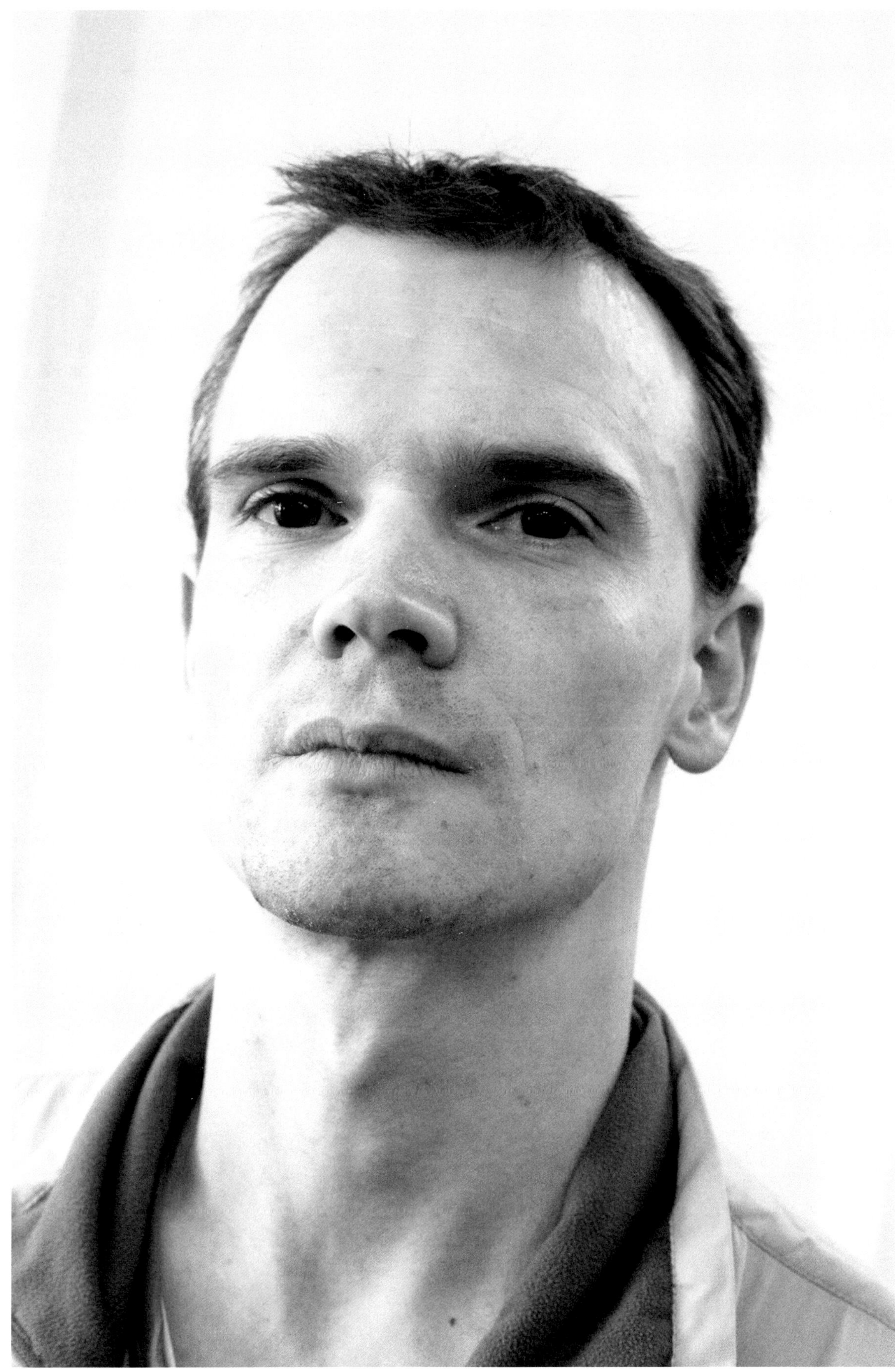

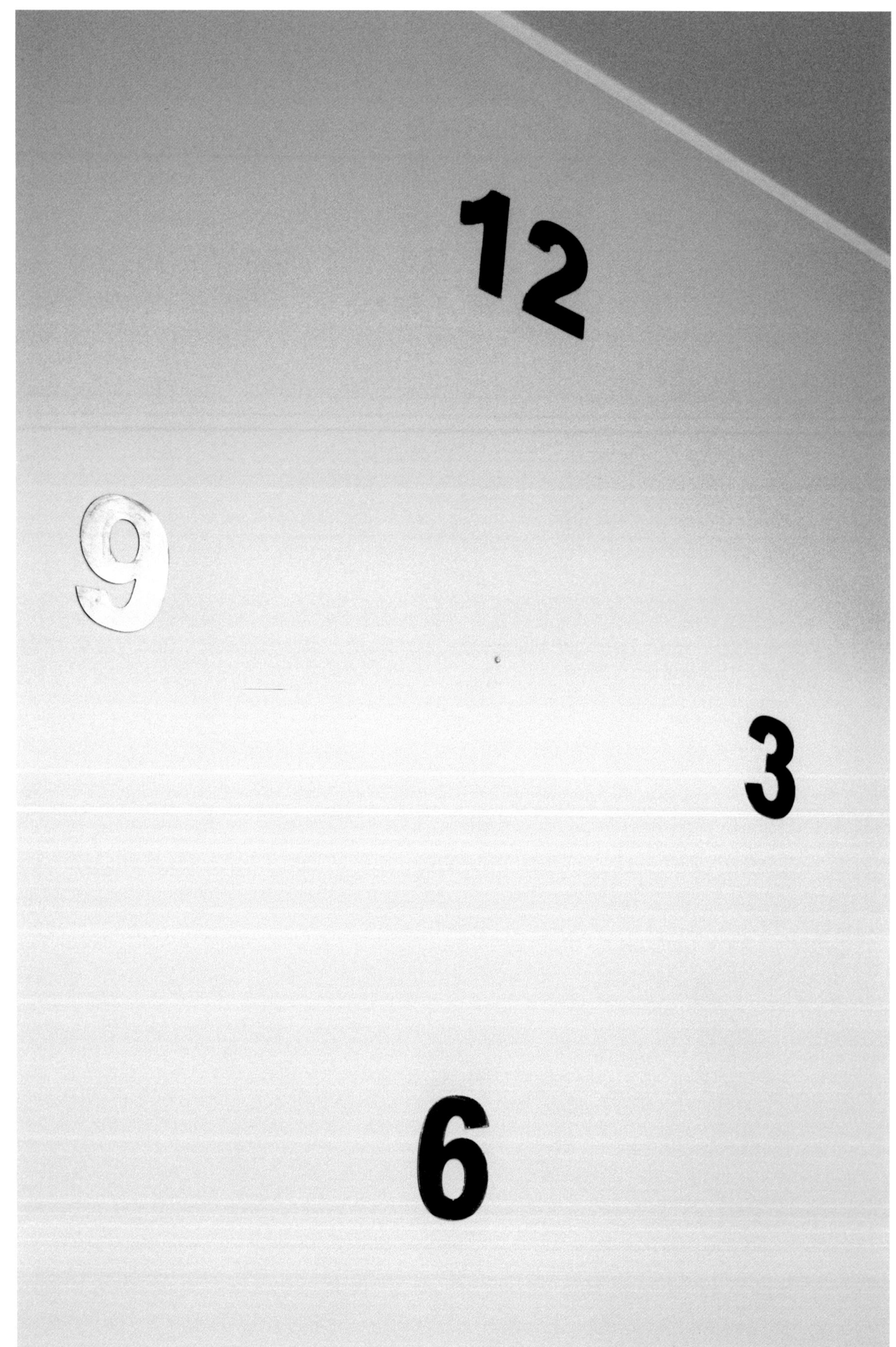
12
9
3
6

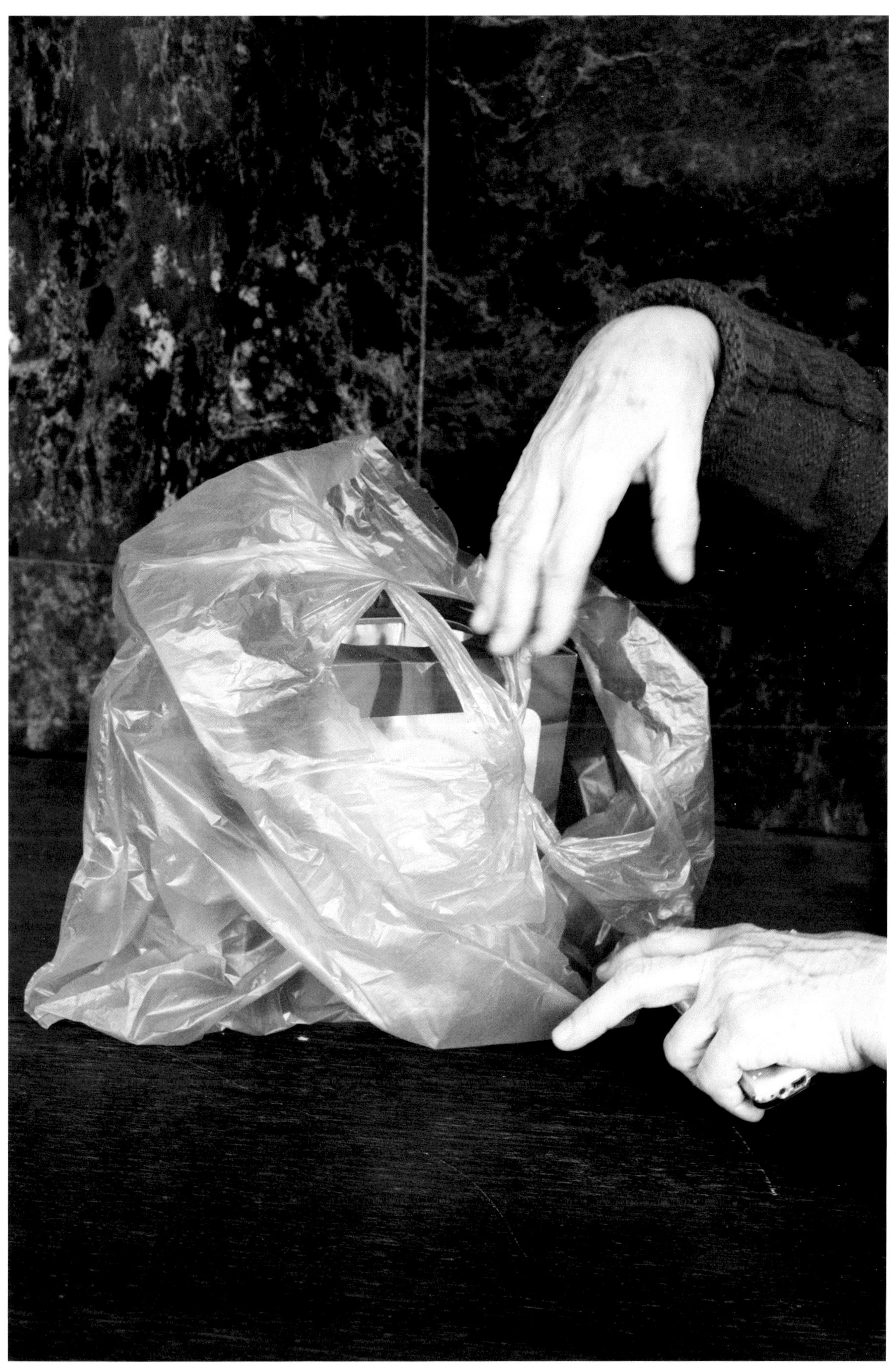

KABELKY
LEGINY

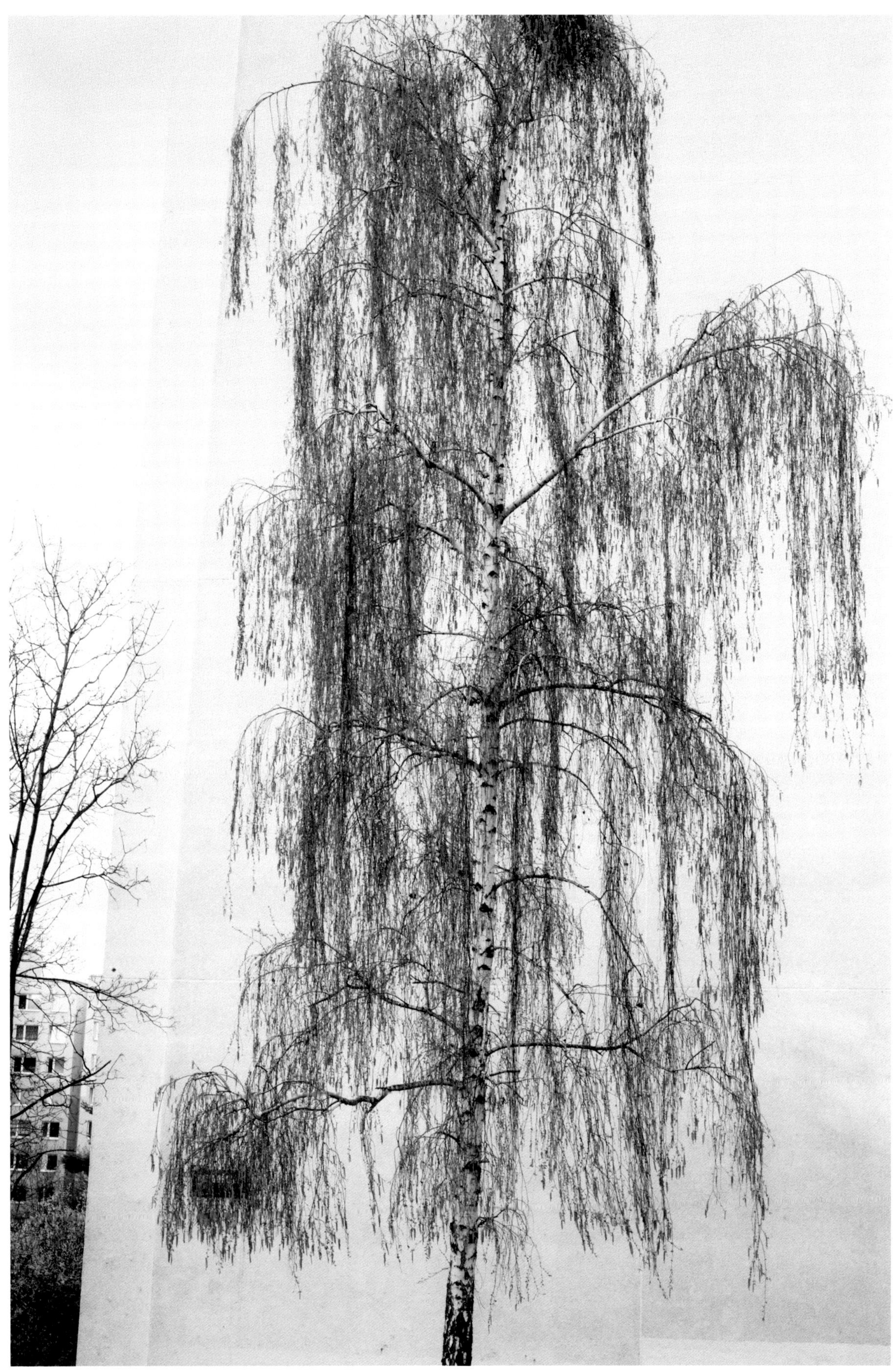

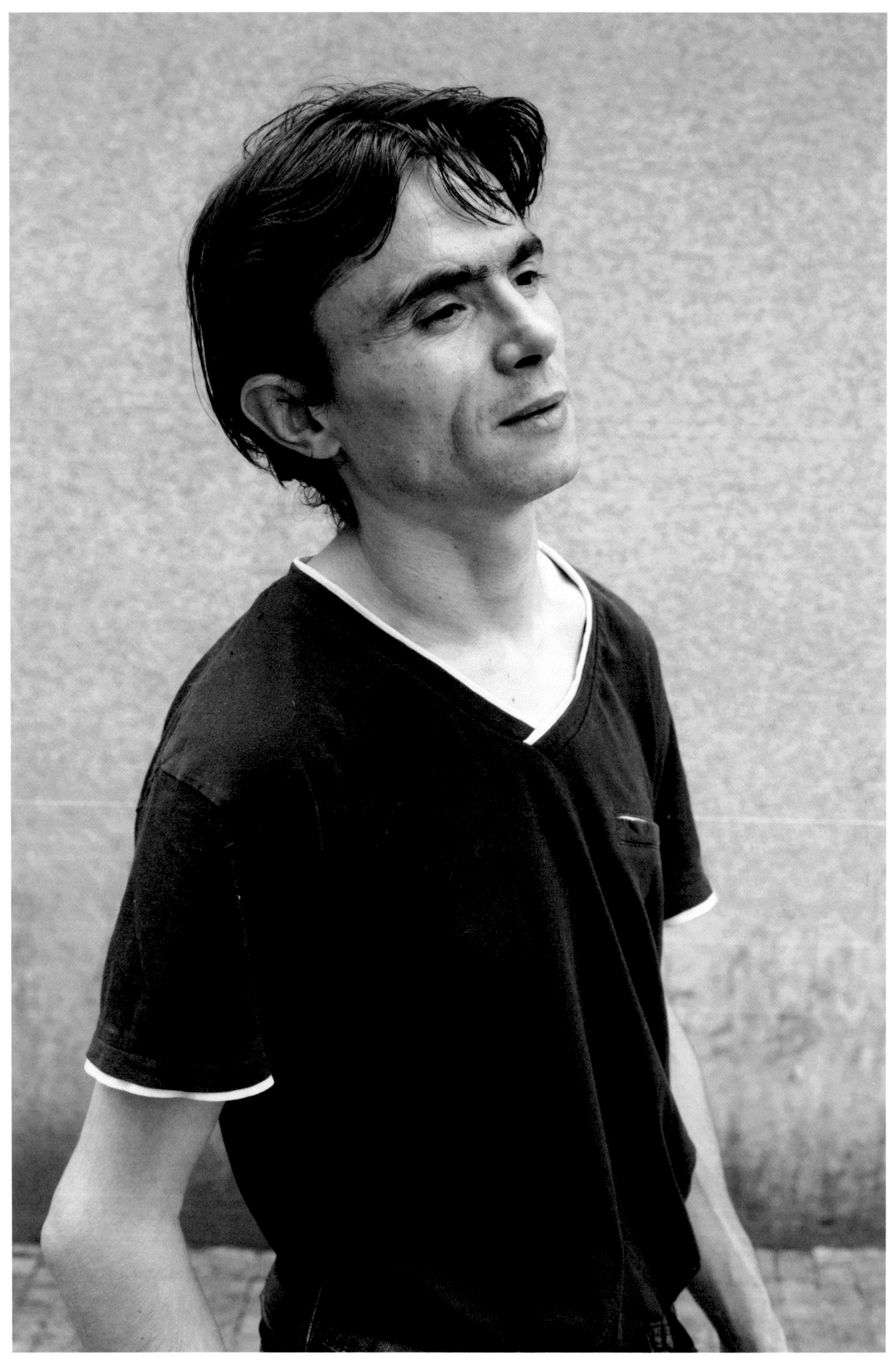

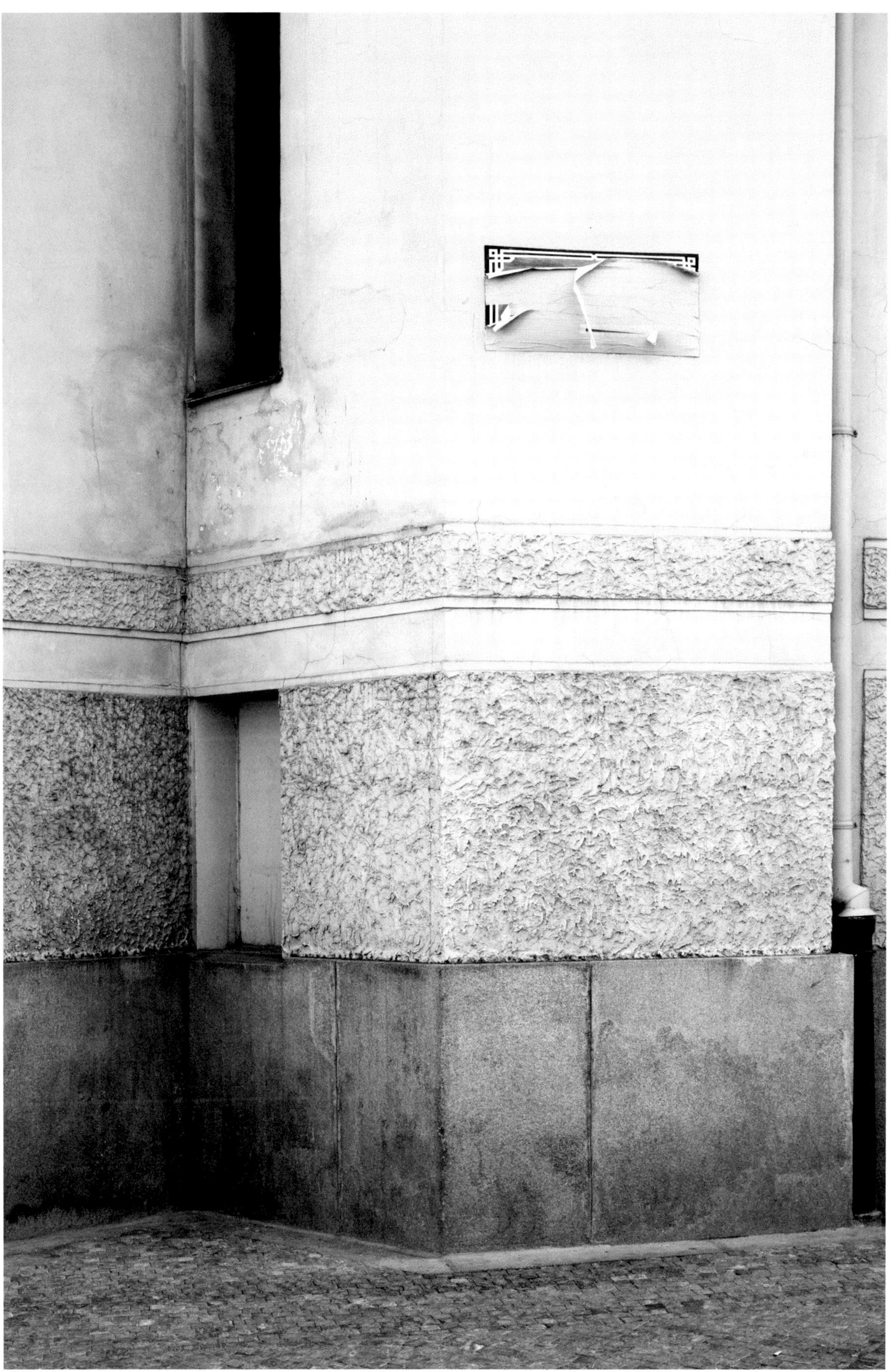

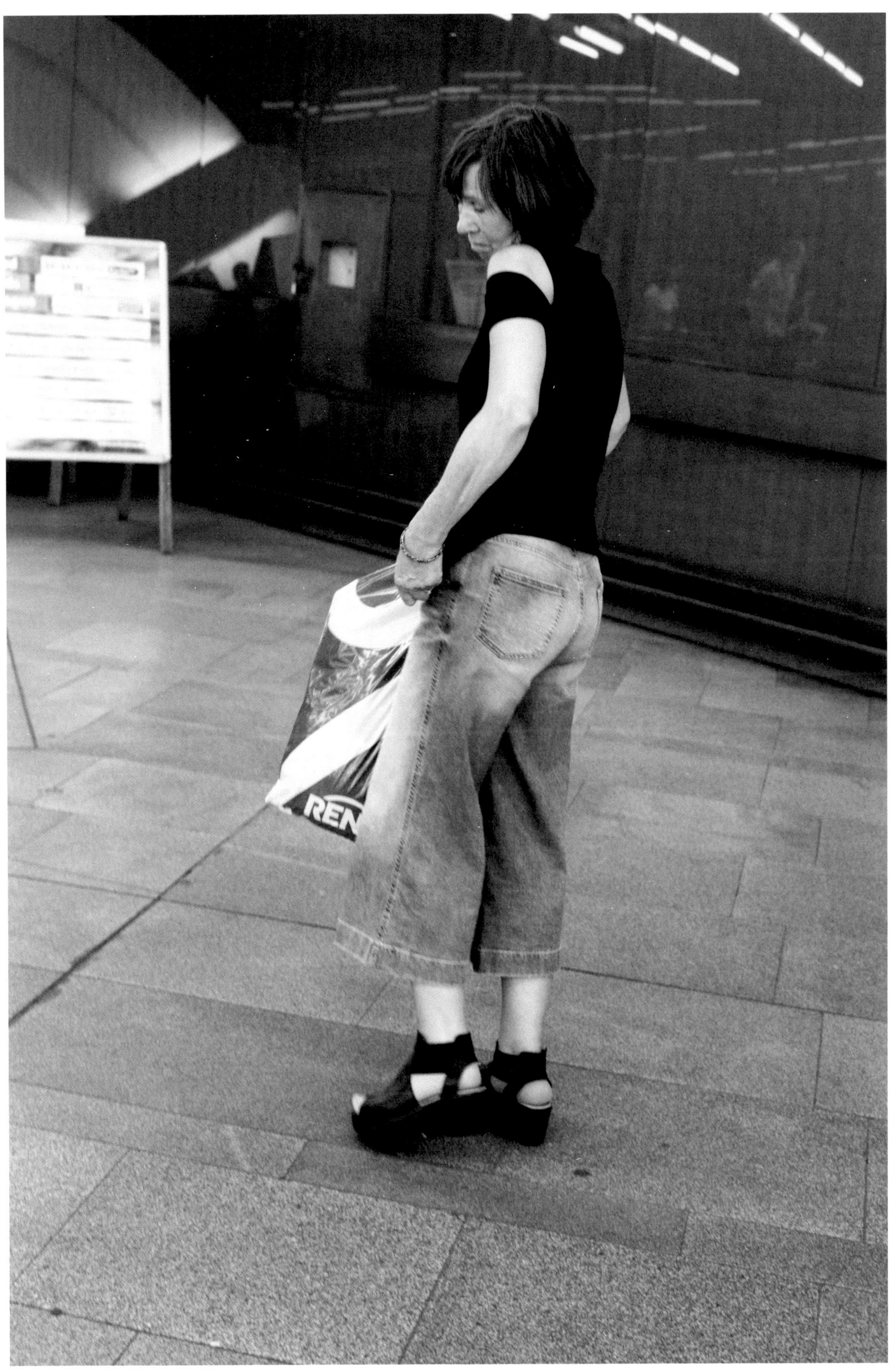
REN

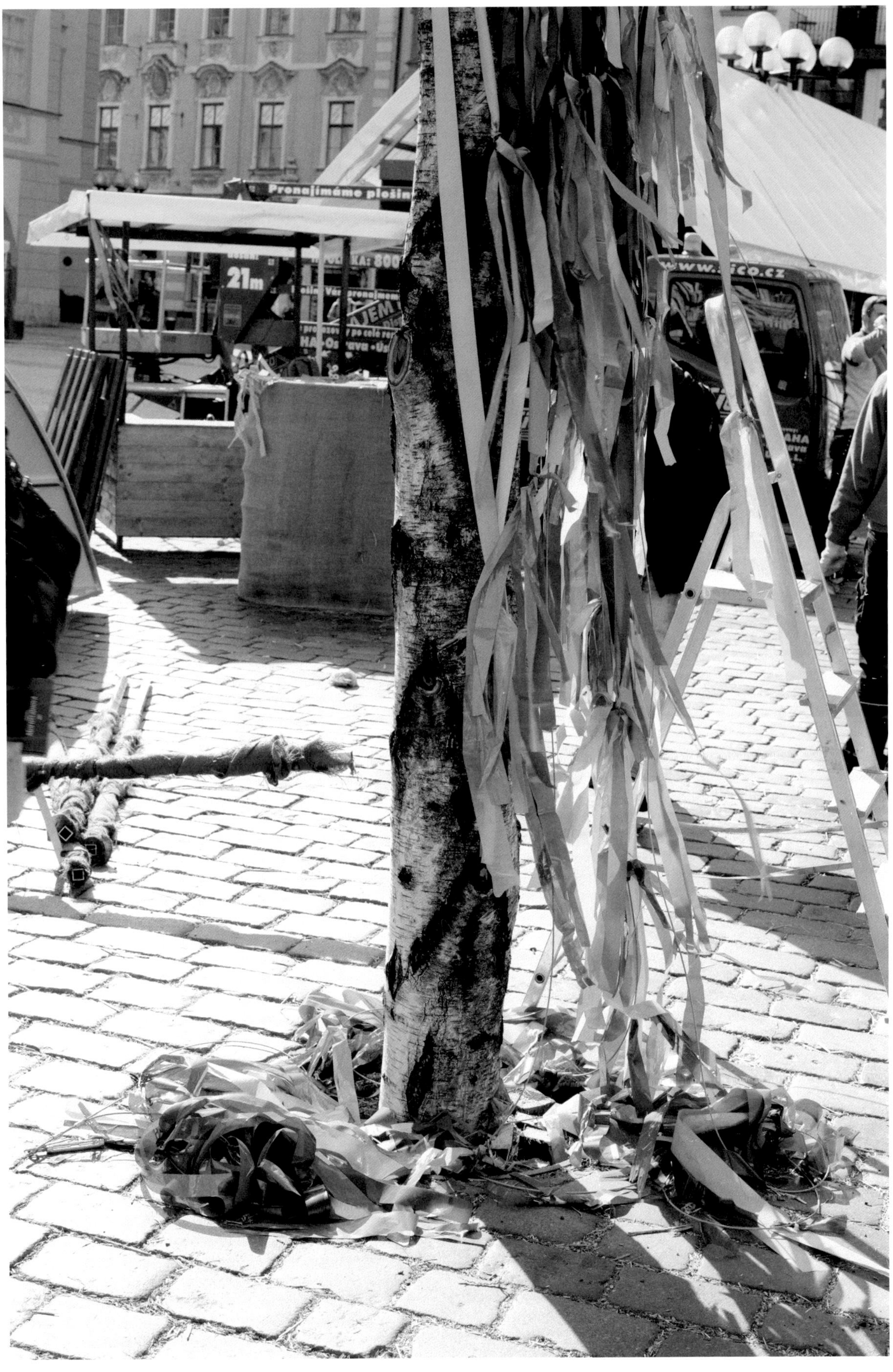
Pronajímáme
21m

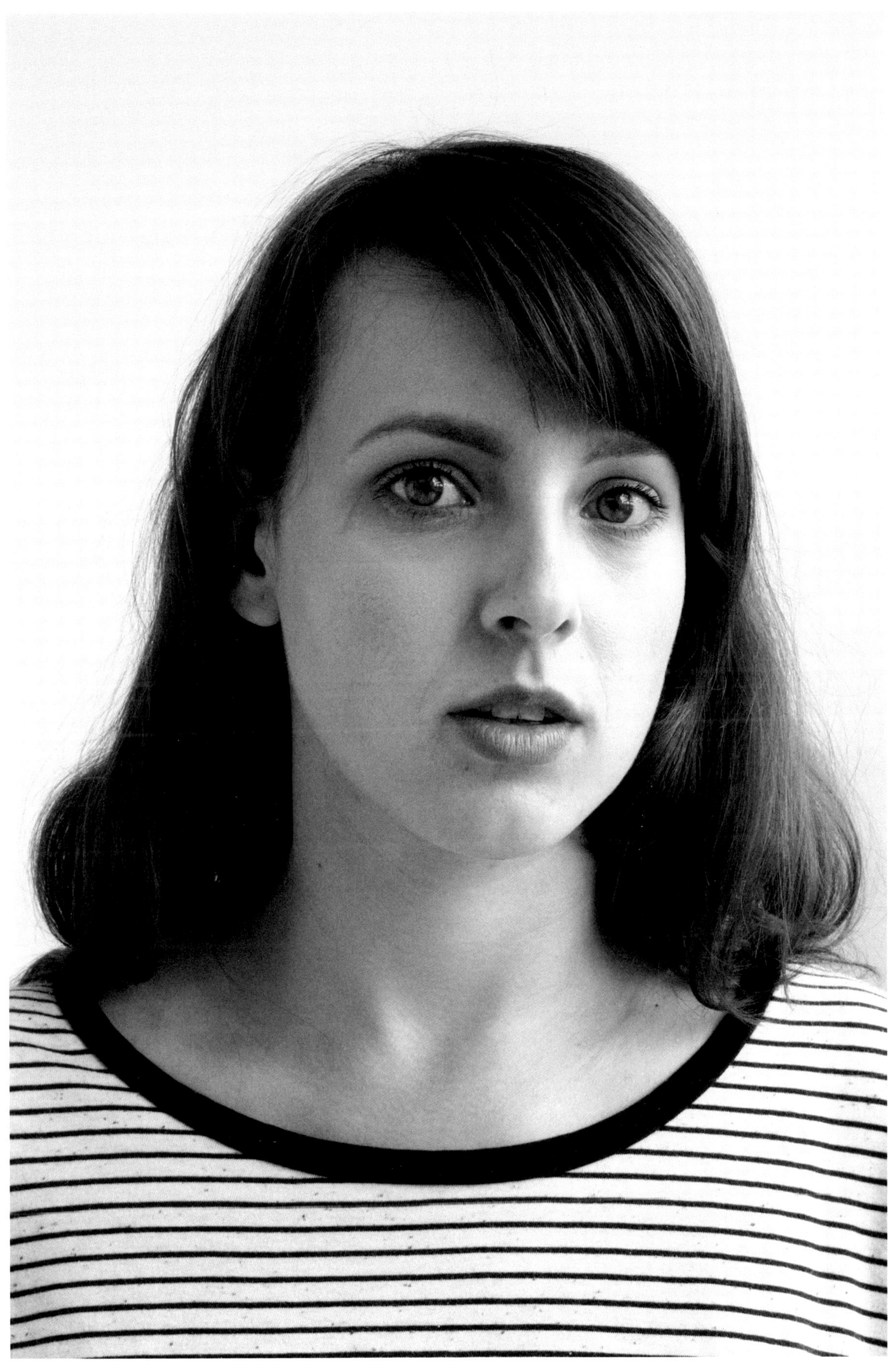

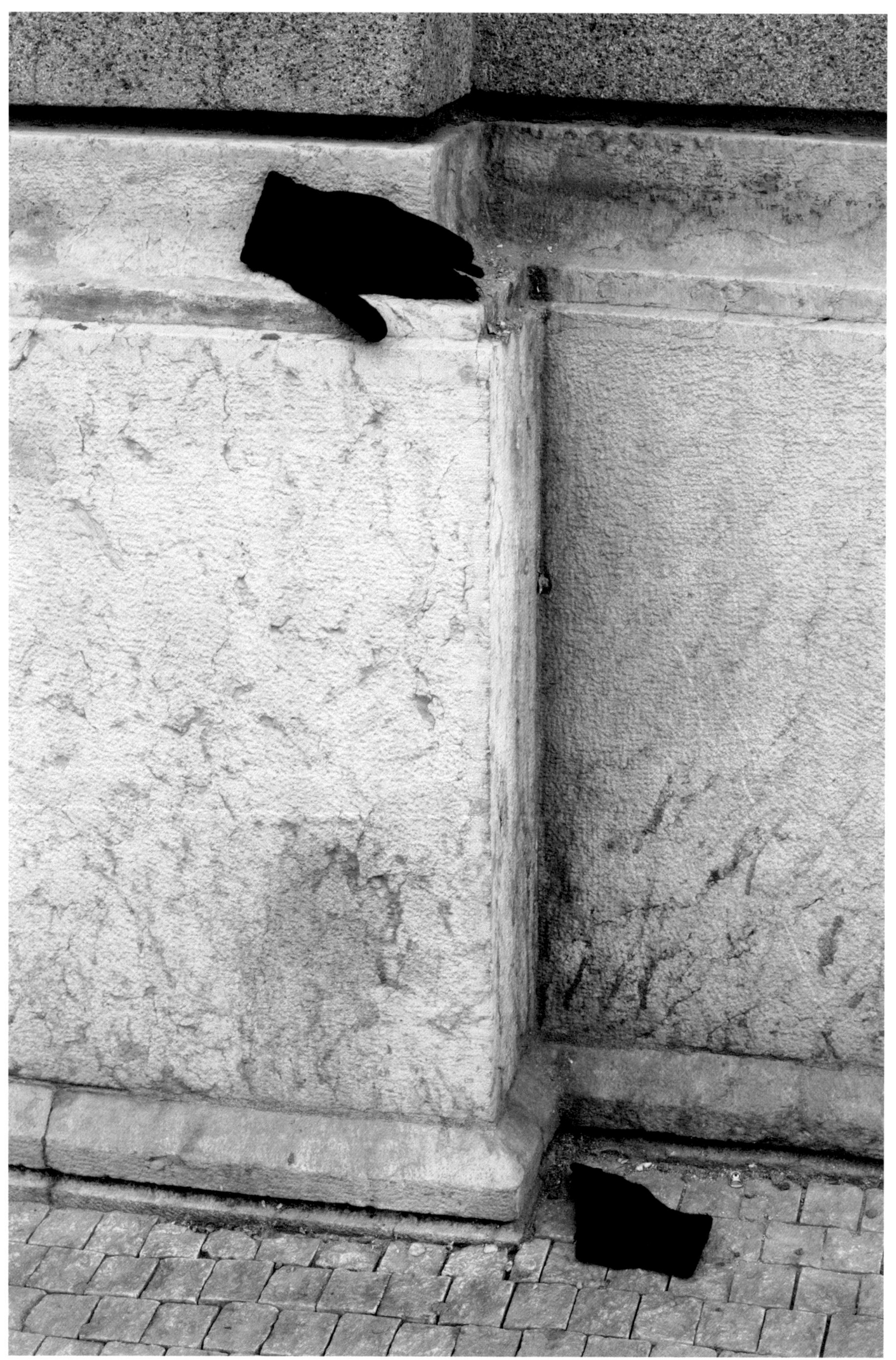

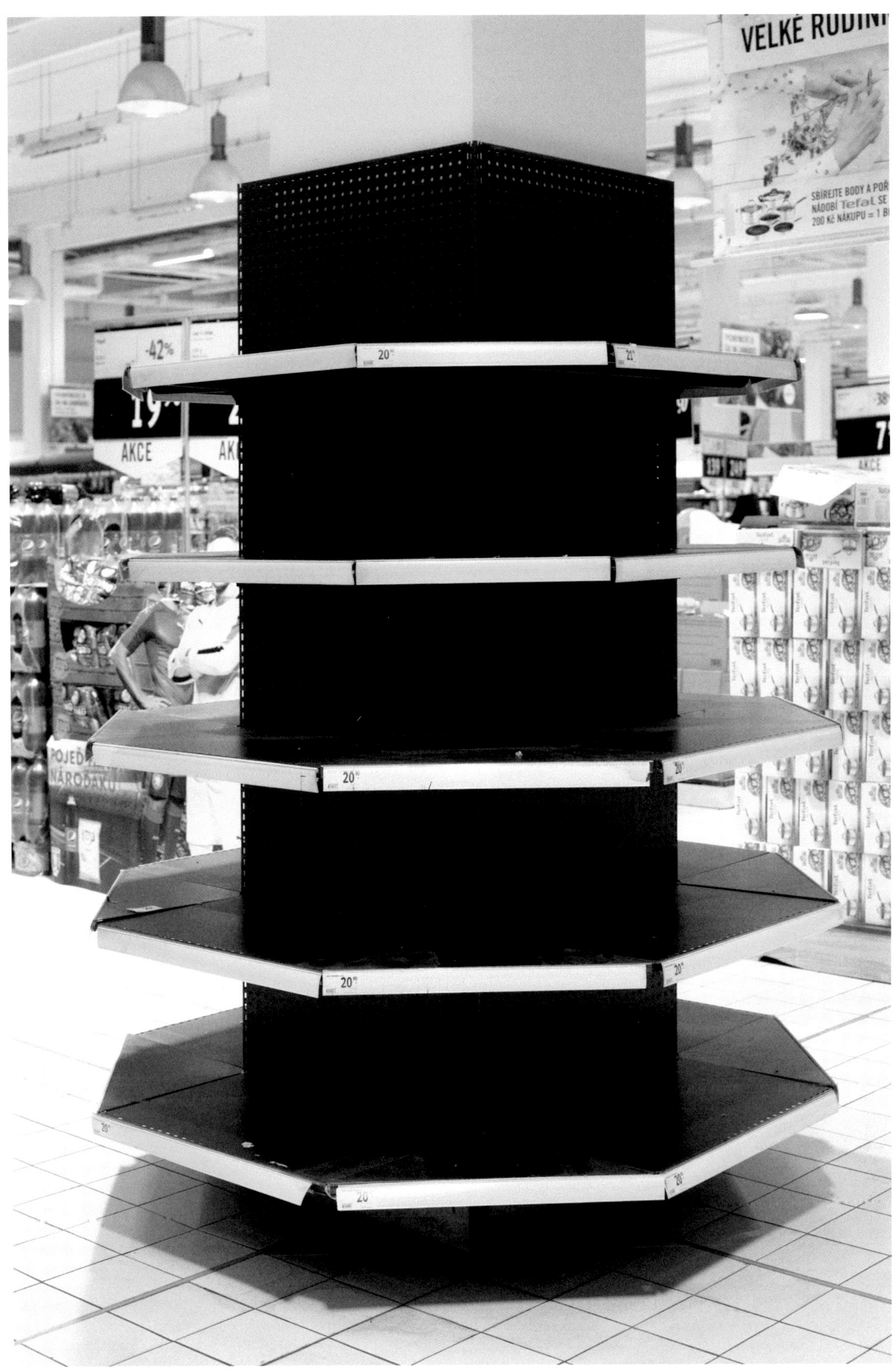
VELKÉ
-42%
AKCE
AKCE
AKCE

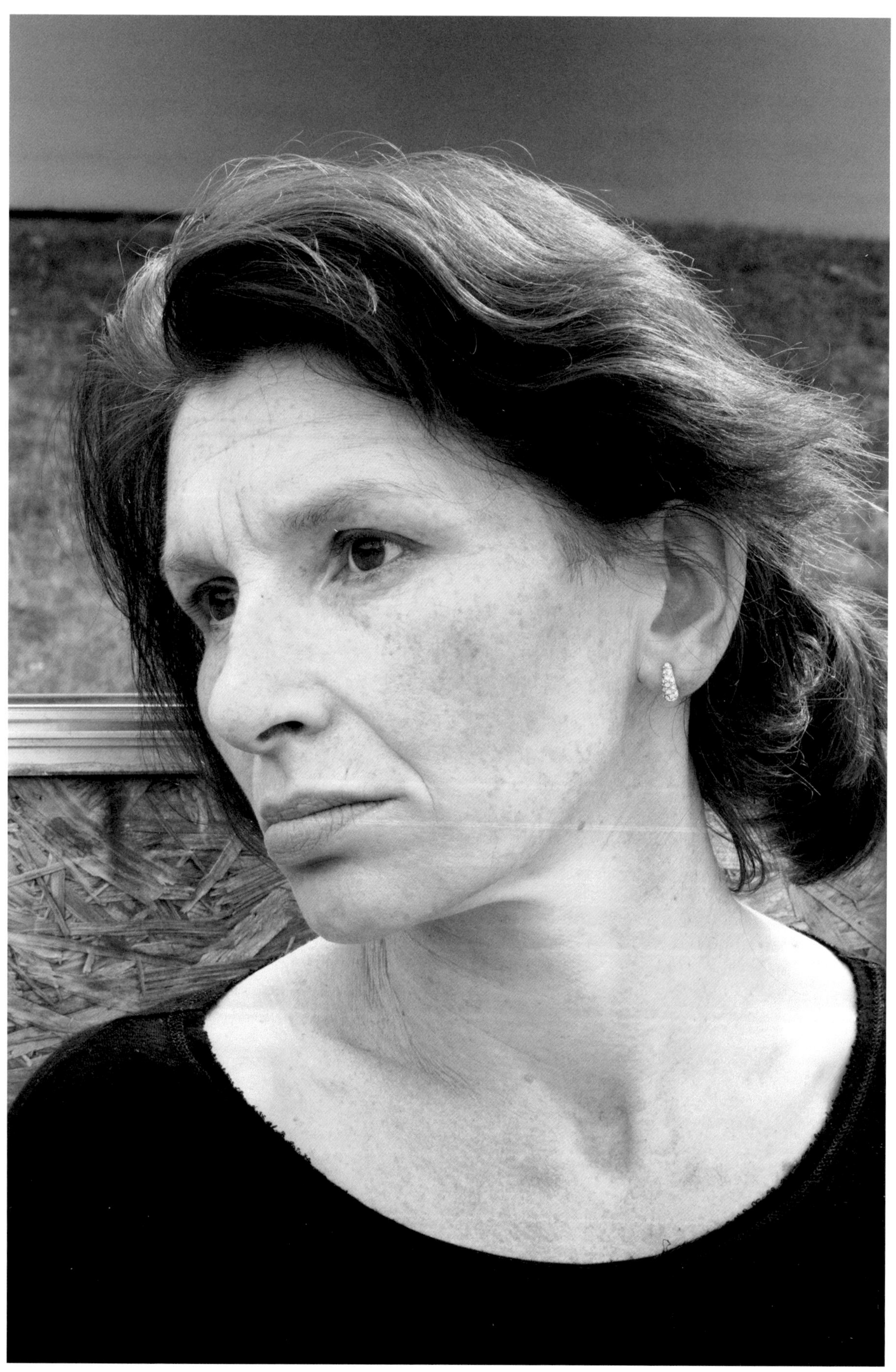

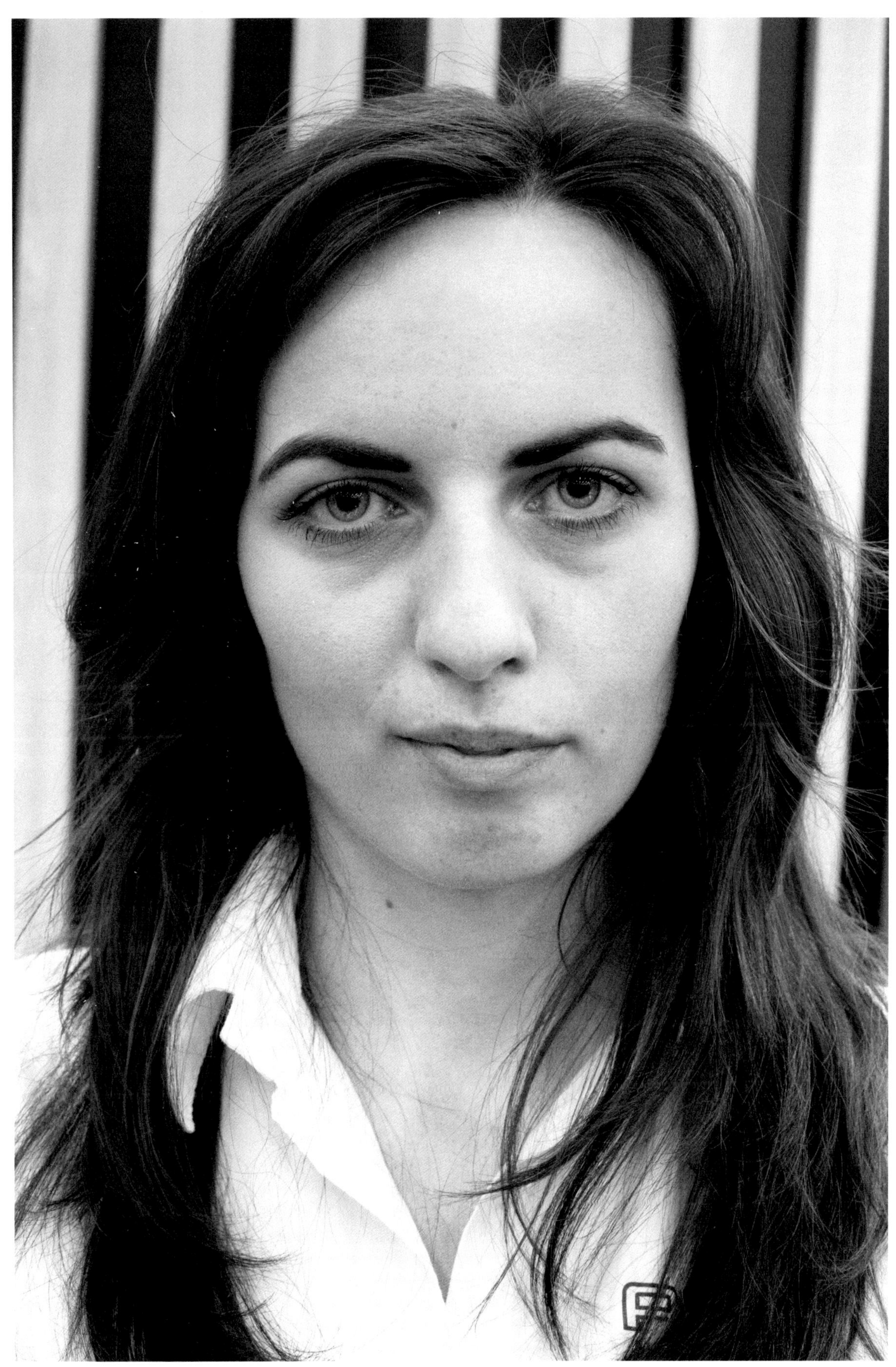

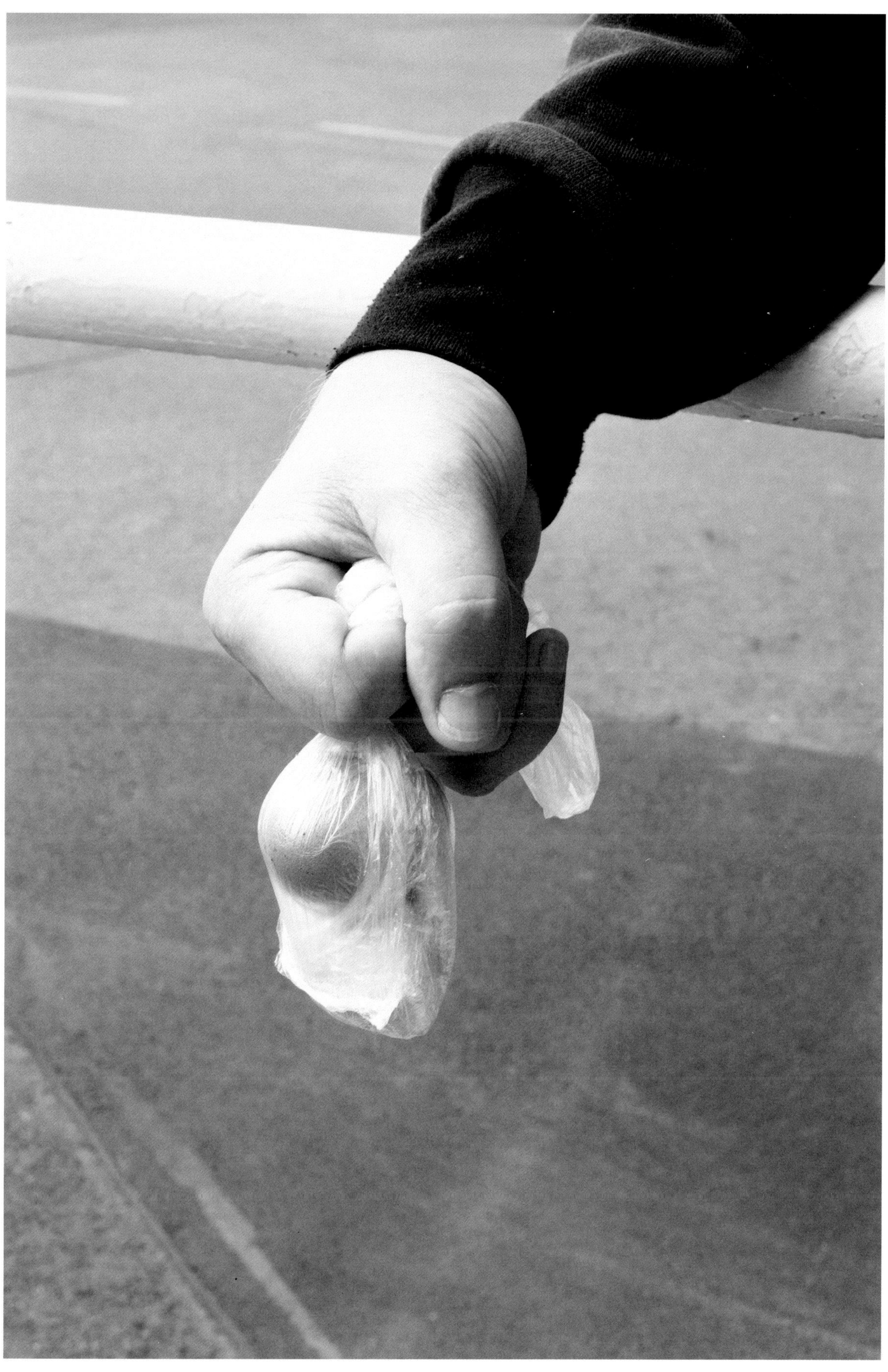

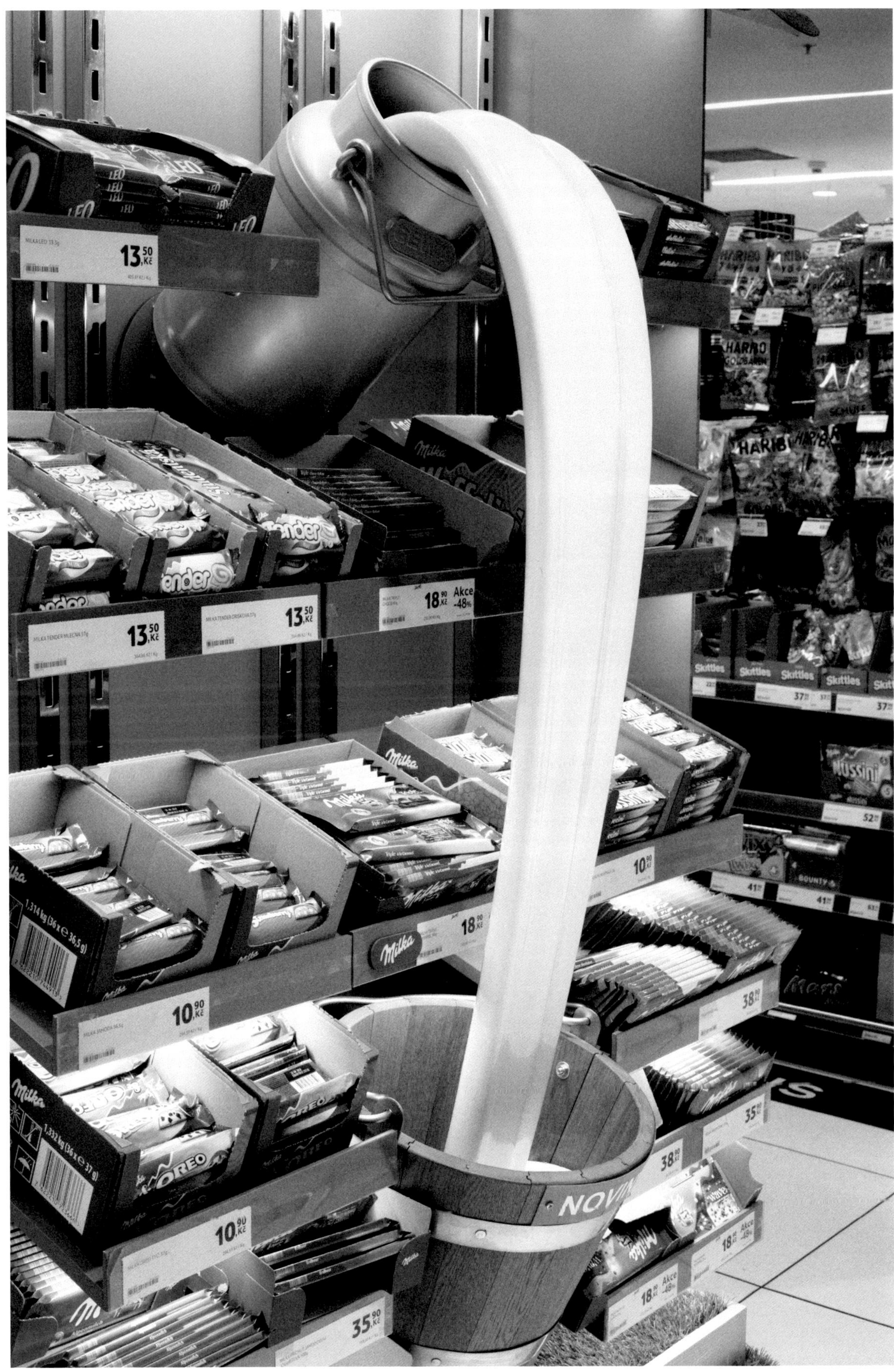
LEO
MILKA LEO 33,5g
13,50 Kč
Tender
13,50 Kč
18,90 Kč
Akce -48%
10,90 Kč
Milka
Skittles
Nussini
BOUNTY
OREO
1,314 kg (36 x 36,5 g)
1,332 kg (36 x 37 g)
38,90
35,90 Kč

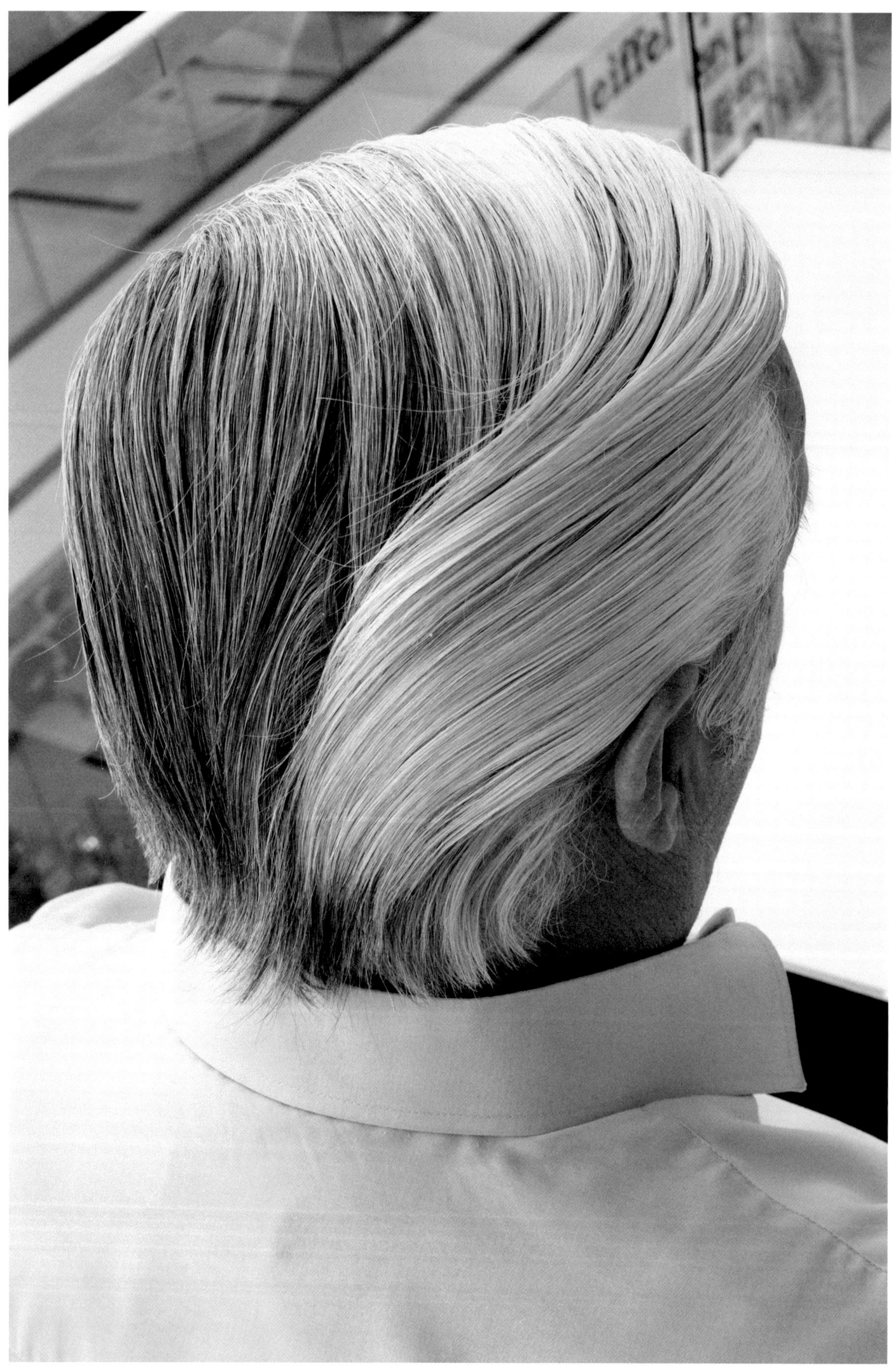

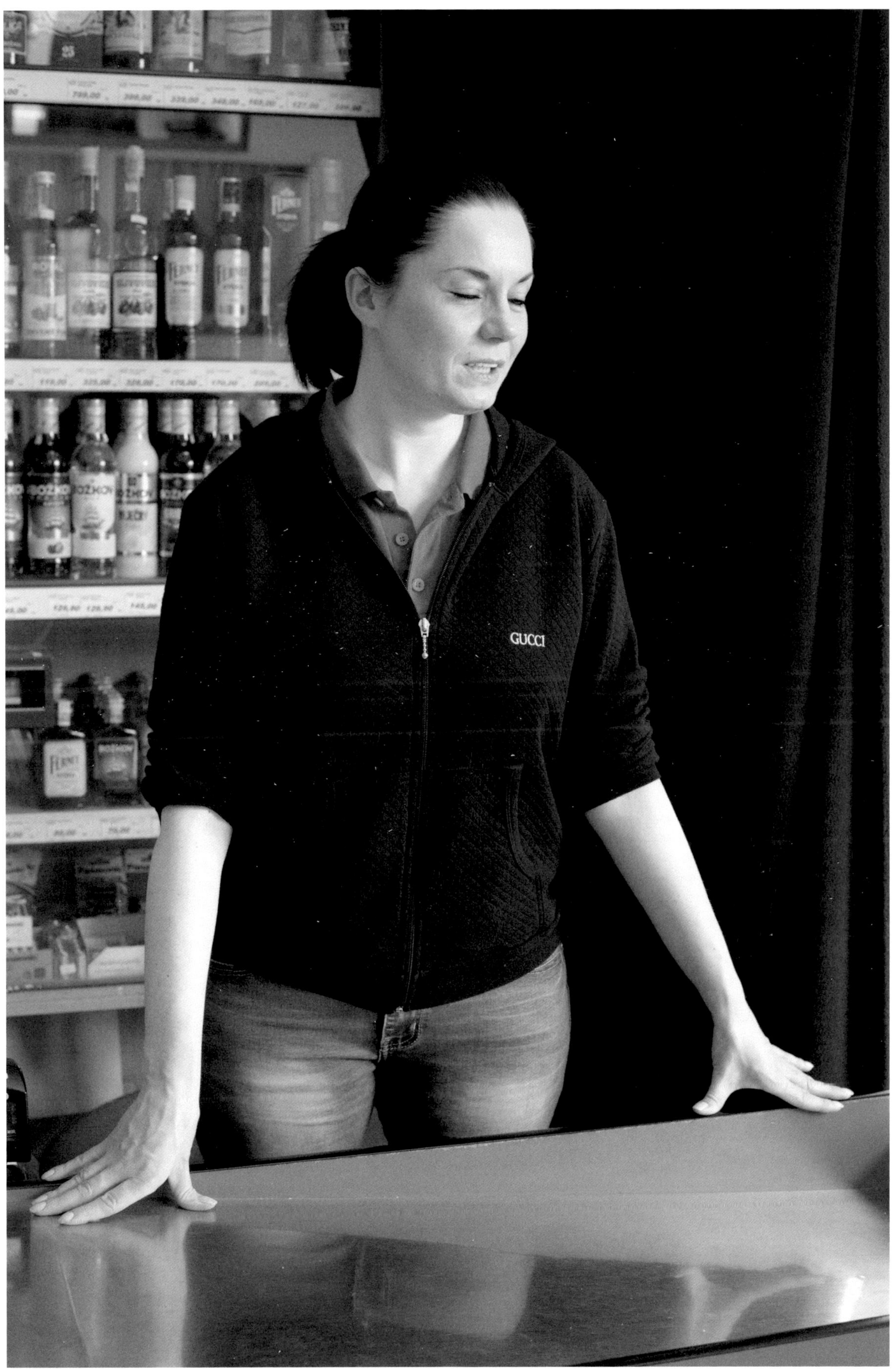
GUCCI

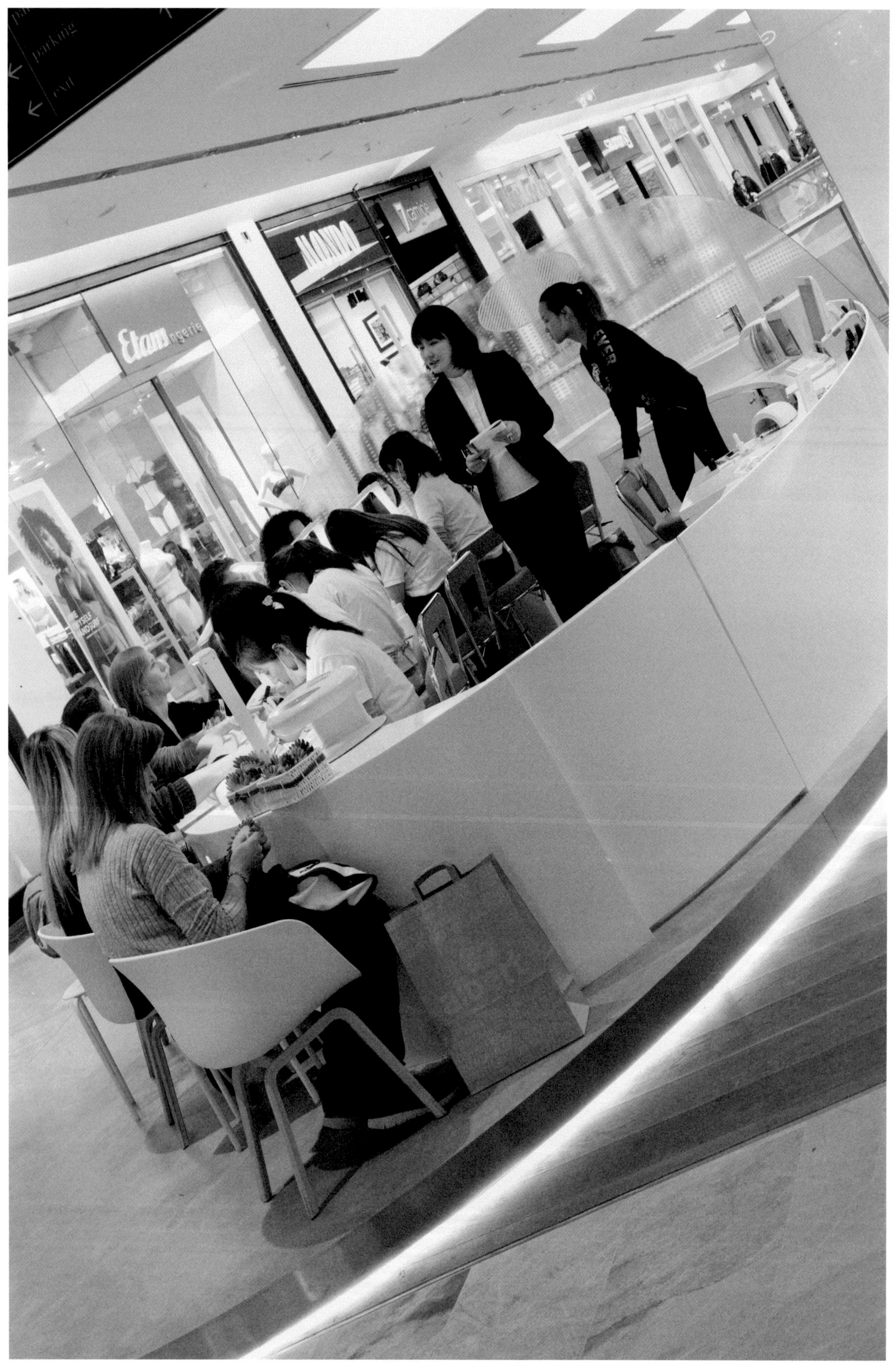
parking
exit

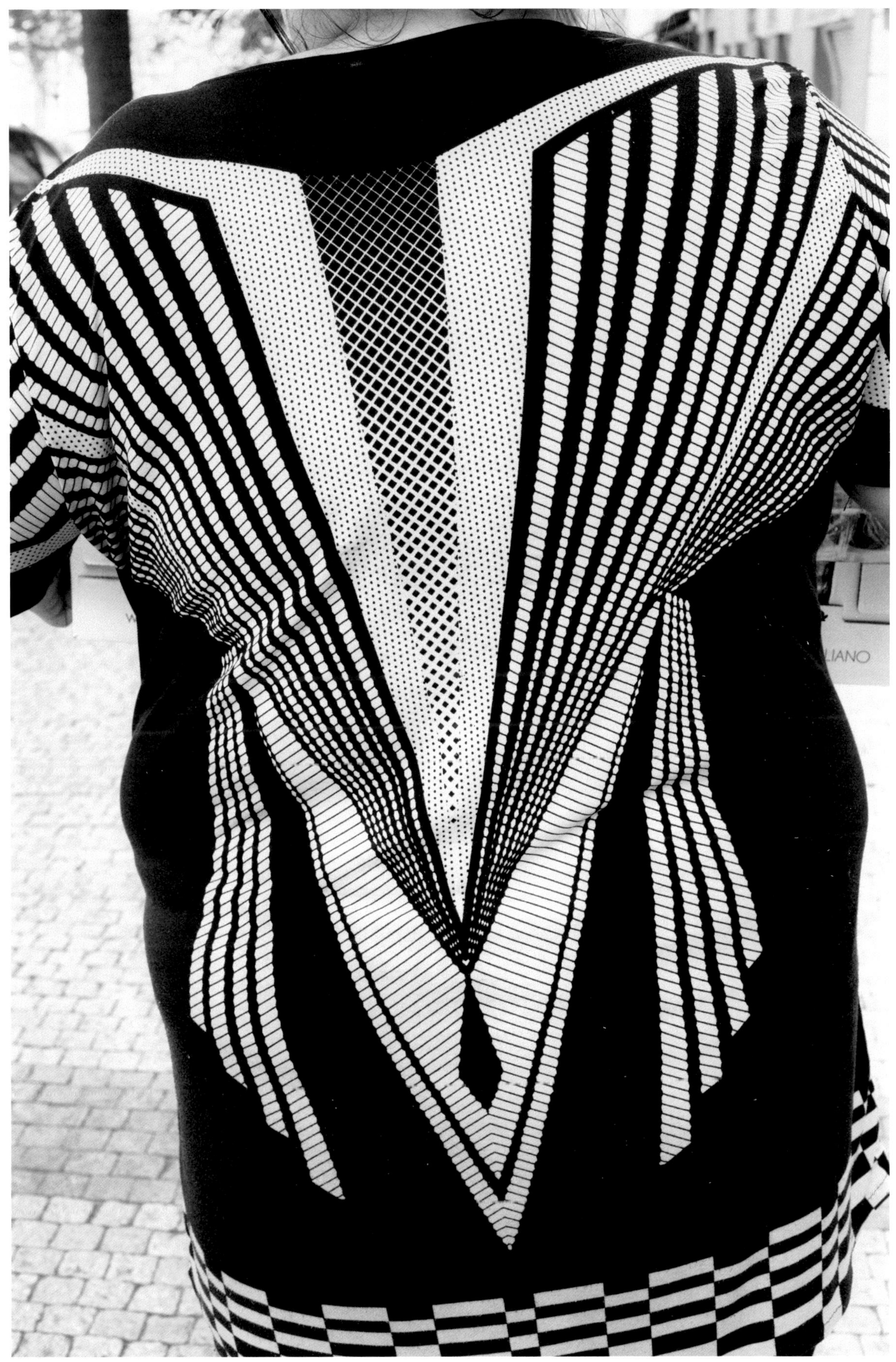

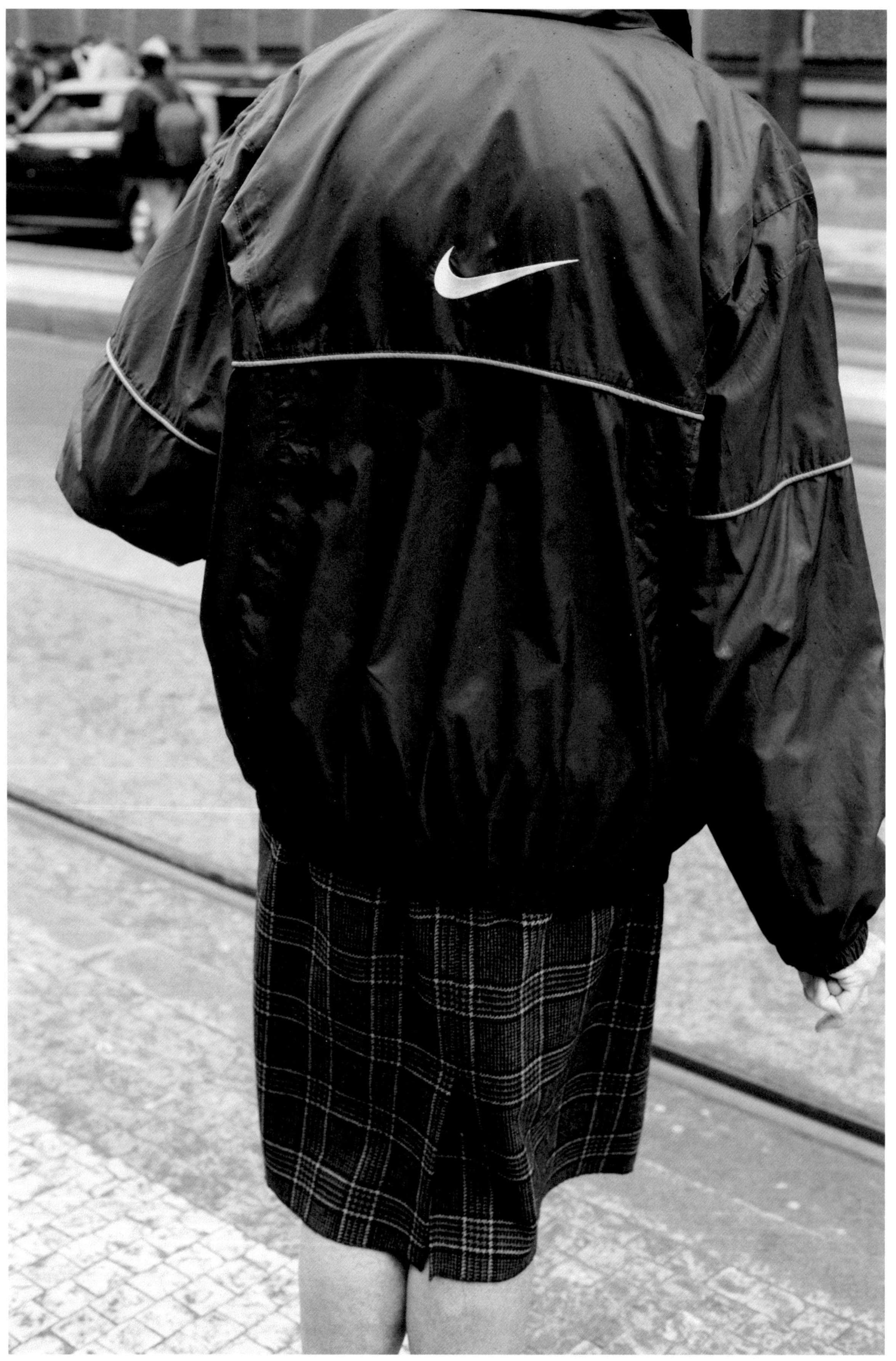

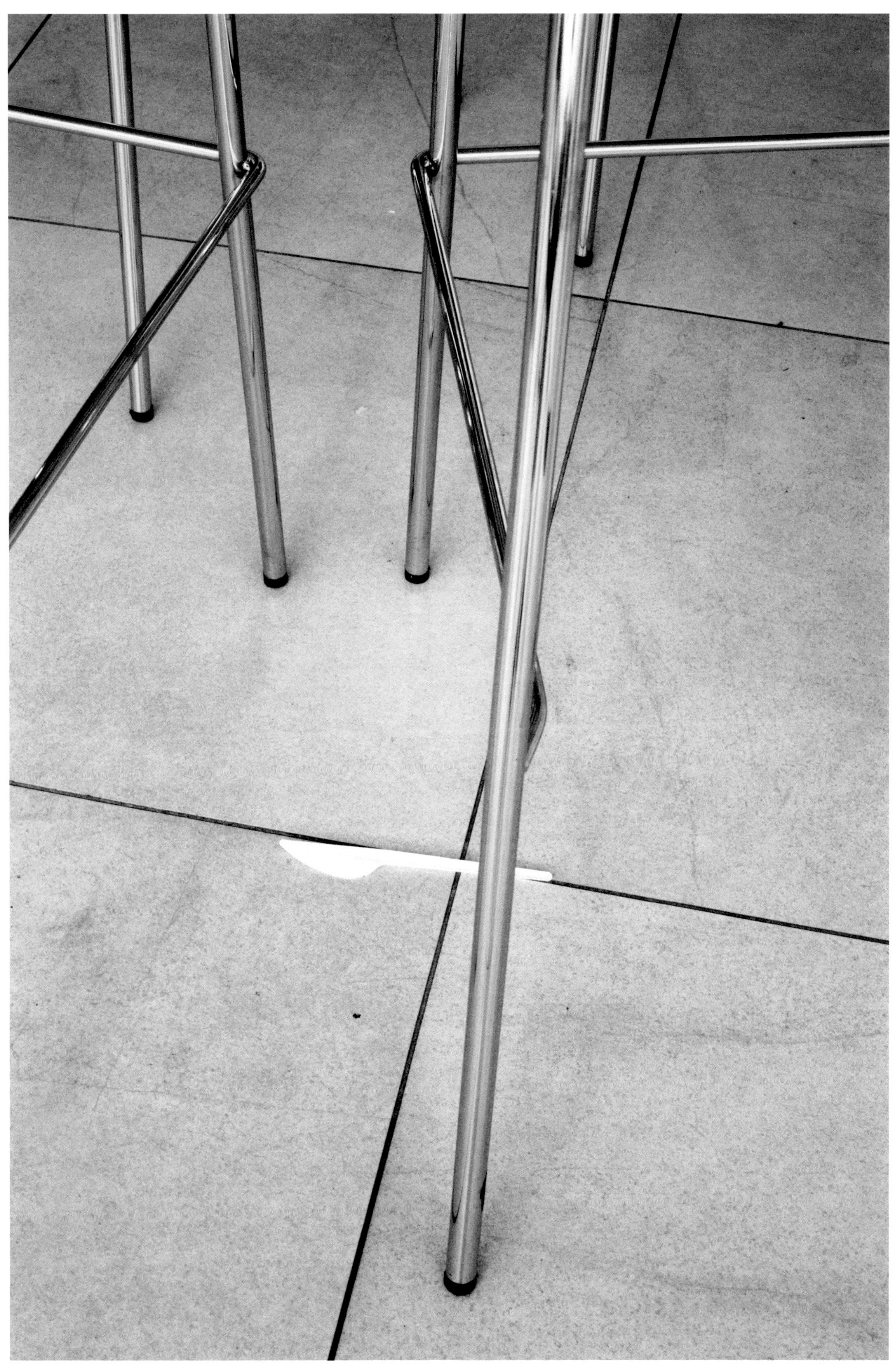

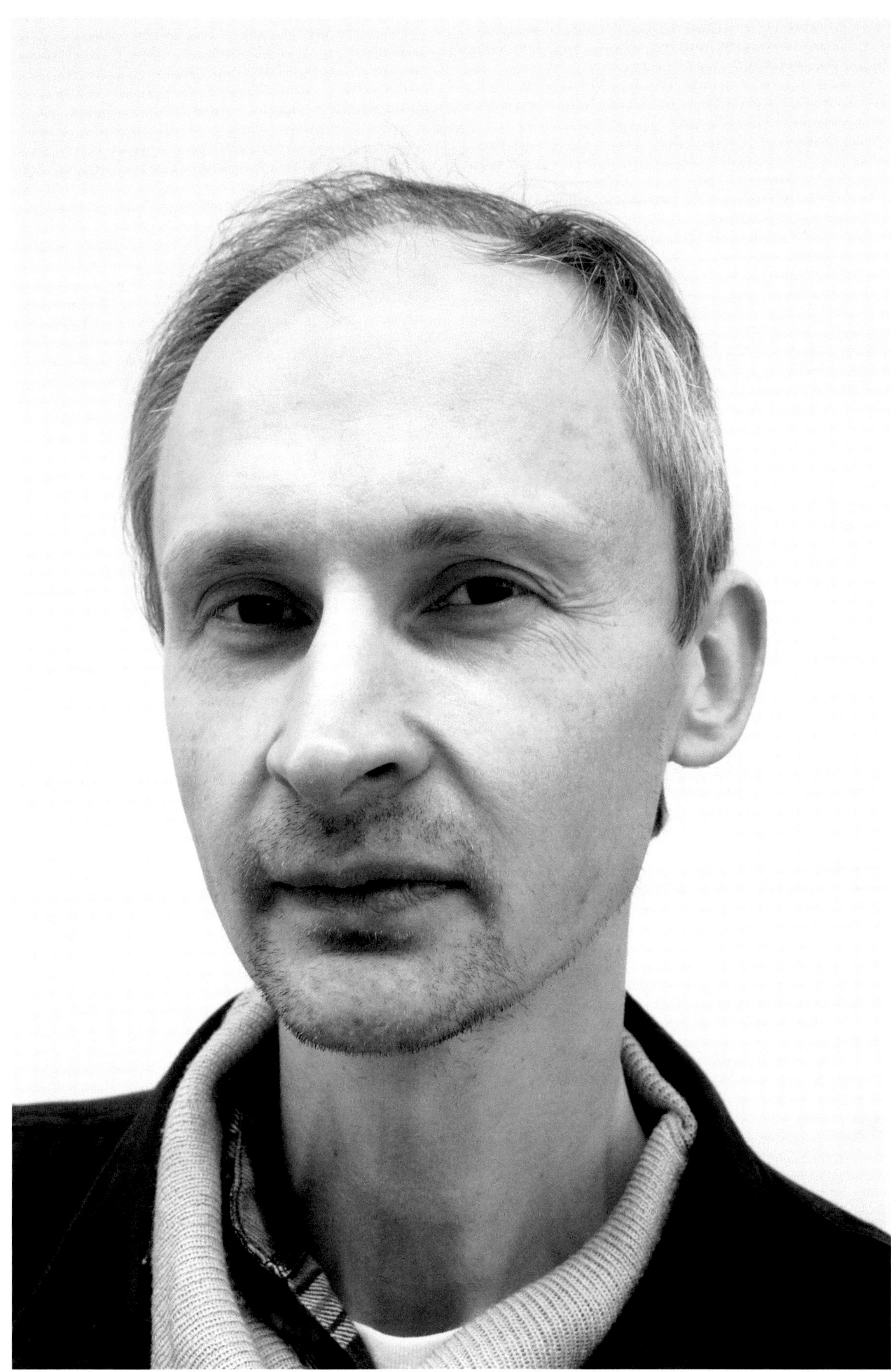

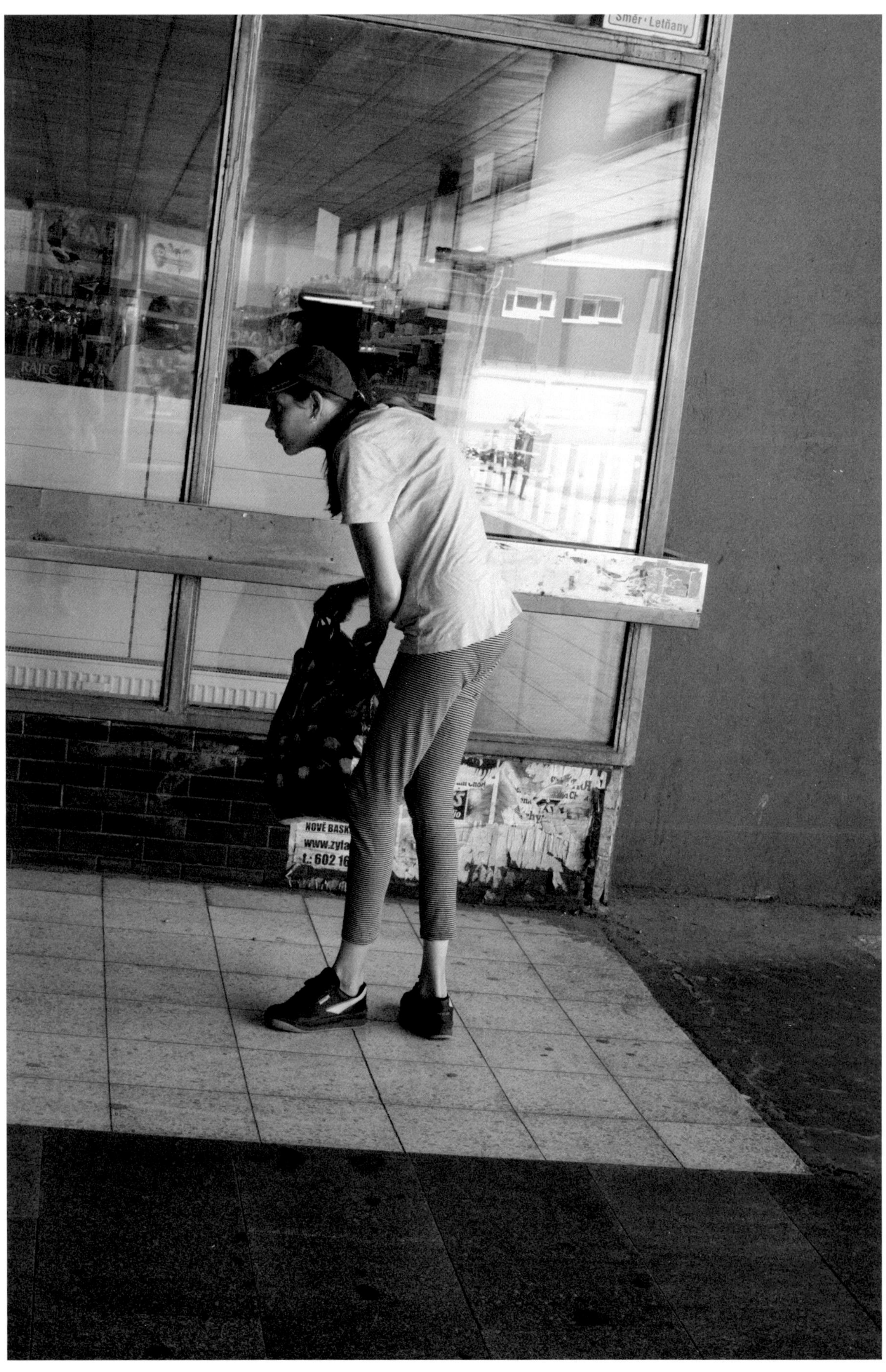
Směr · Letňany
RAJEC

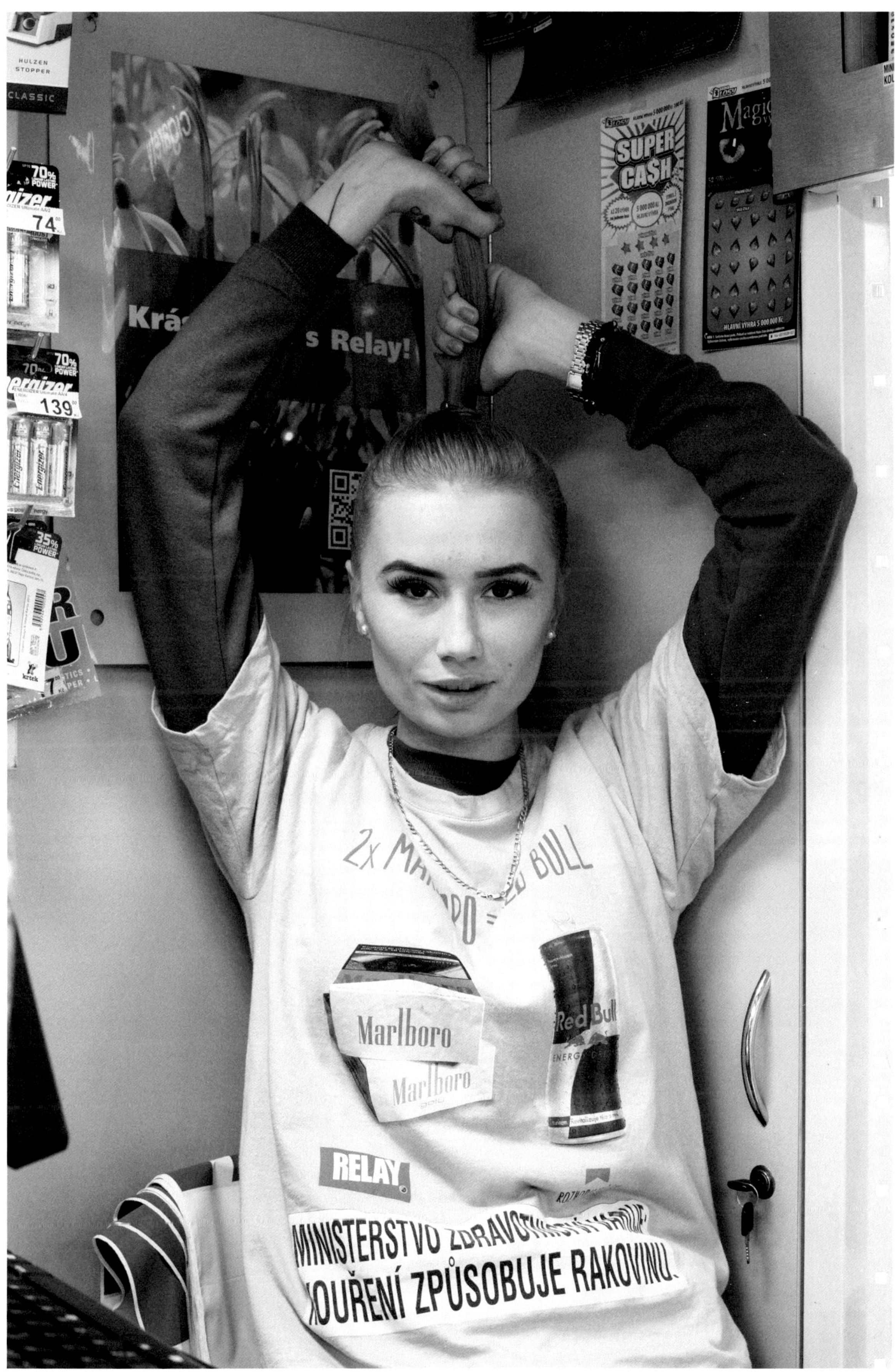
HULZEN STOPPER
CLASSIC
s Relay!
SUPER CA$H
74
139
Marlboro
Marlboro
Red Bull
RELAY
MINISTERSTVO ZDRAVOTNICTVÍ VAROVÁNÍ:
OUŘENÍ ZPŮSOBUJE RAKOVINU.

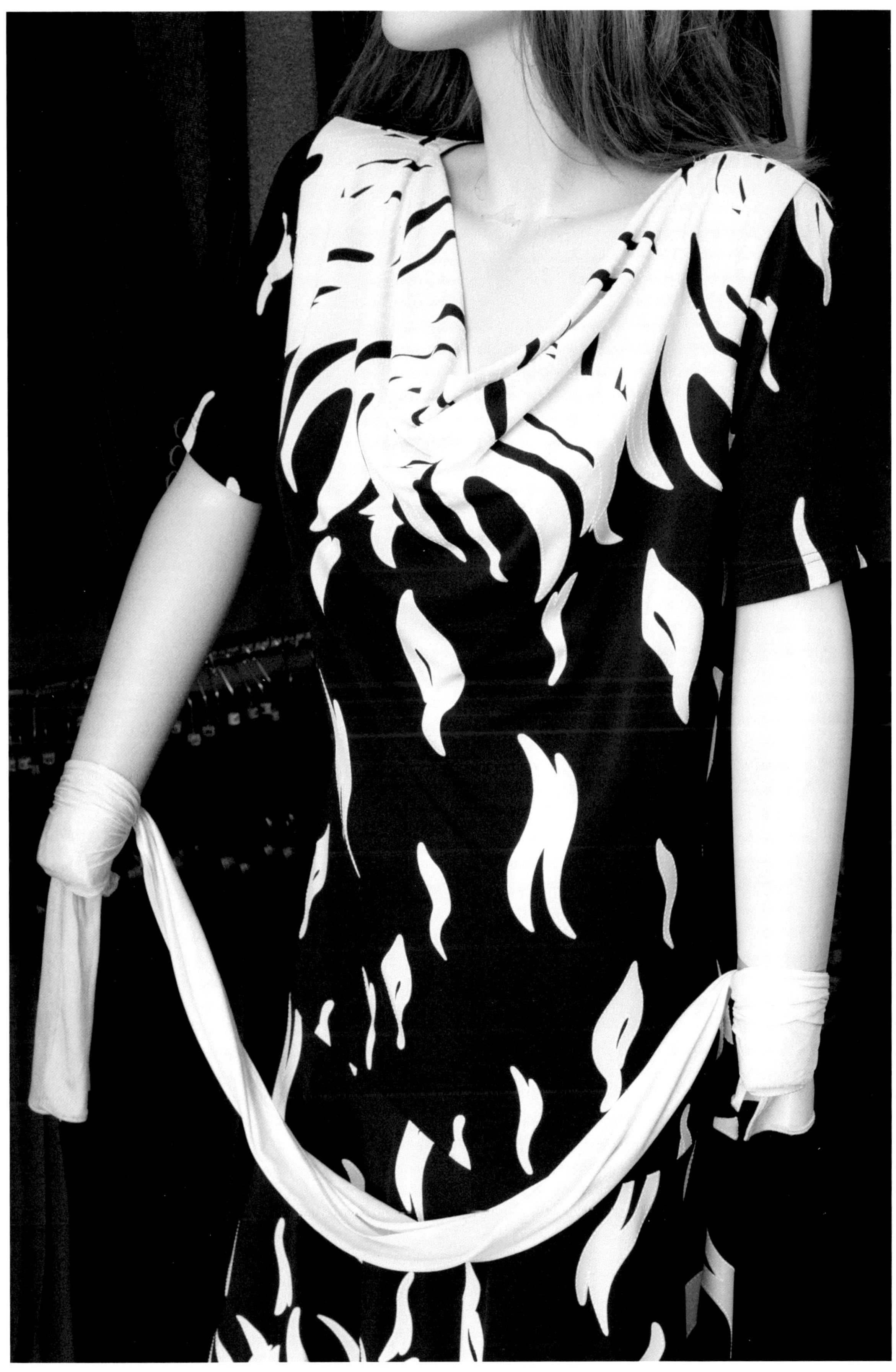

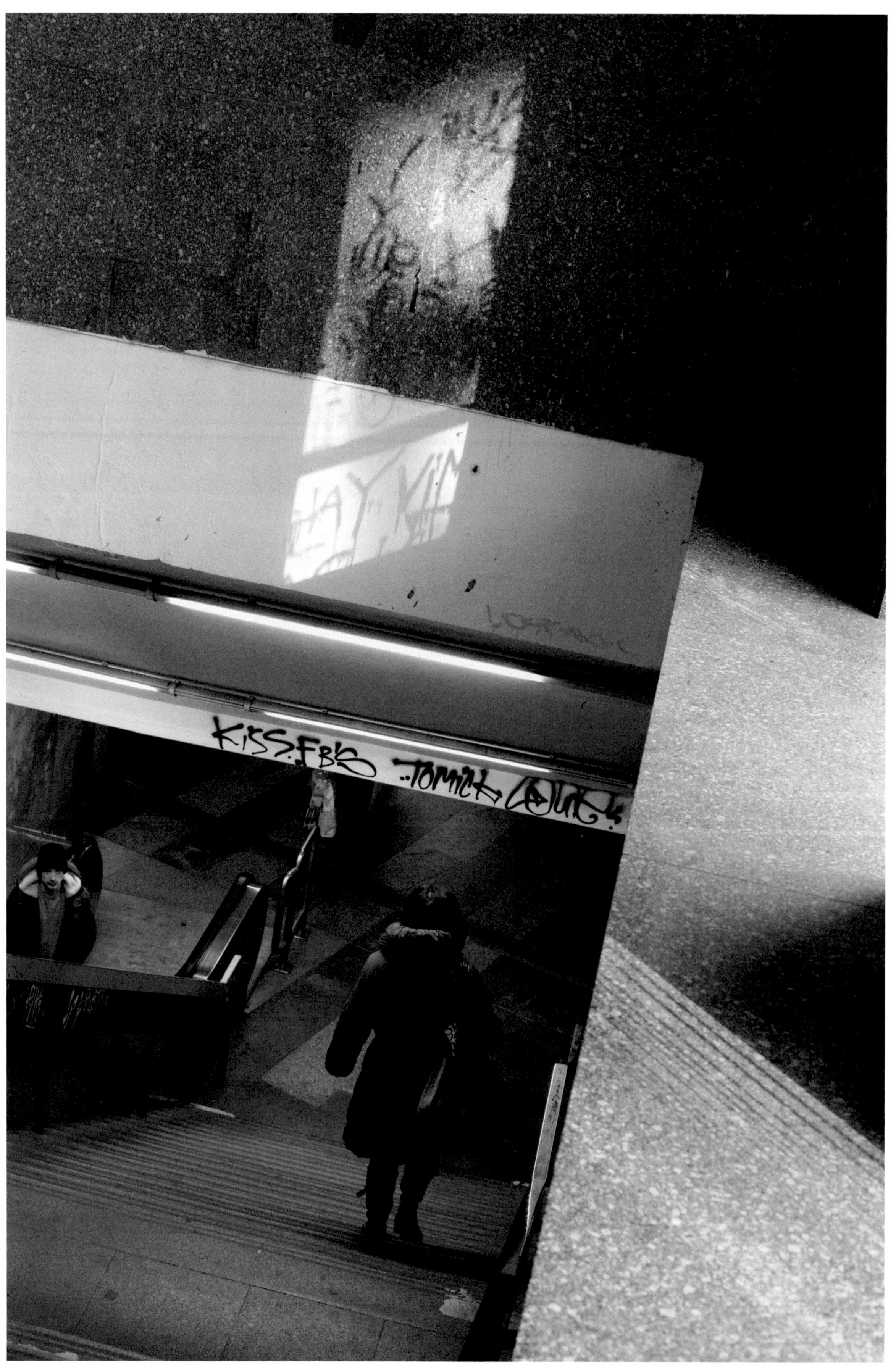
KISS.FB'S

Znám jednu
že mi každý
Překrásné oči,
má. Možná, že
tahle slova

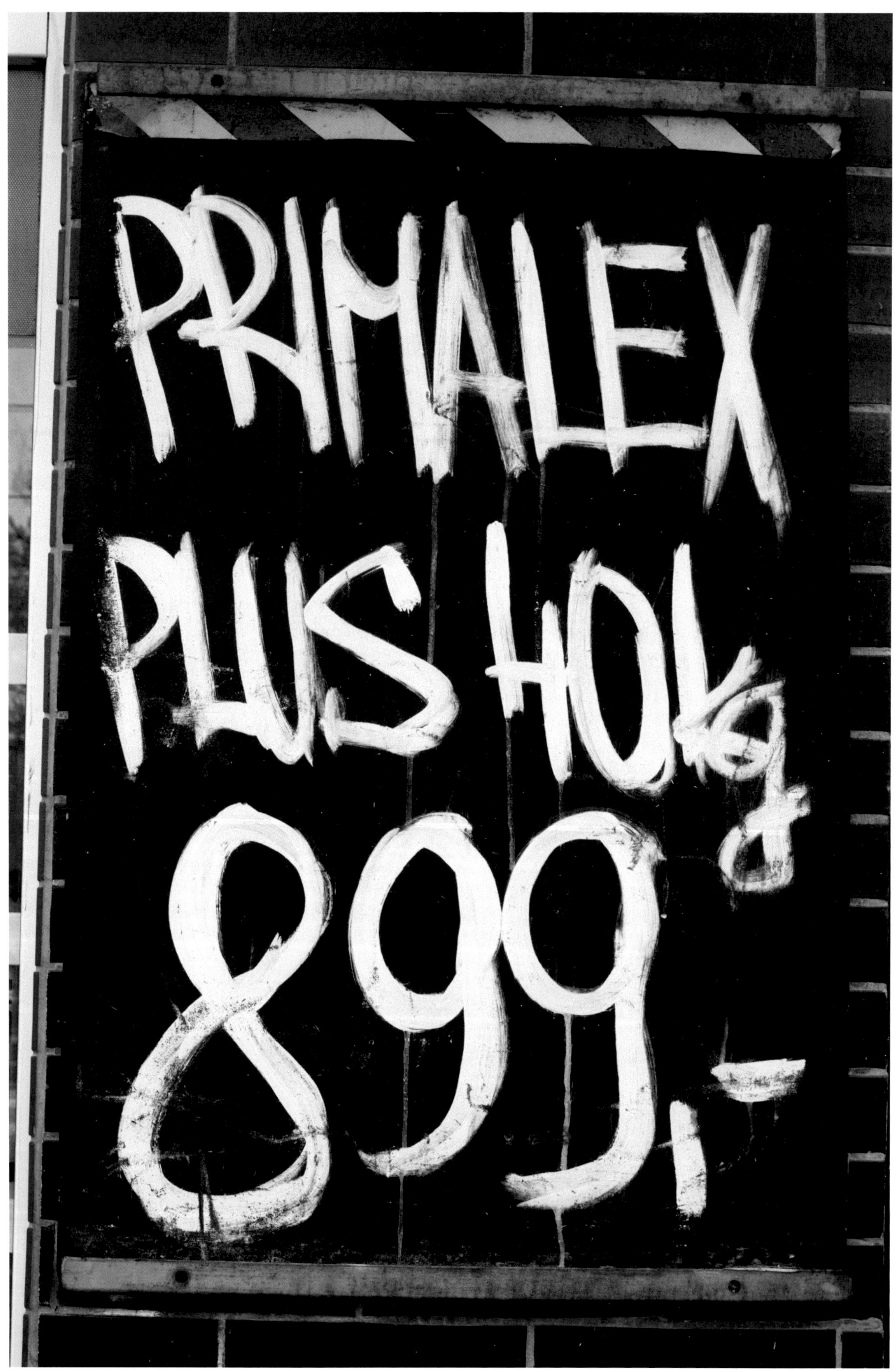
PRIMALEX
PLUS
899,-

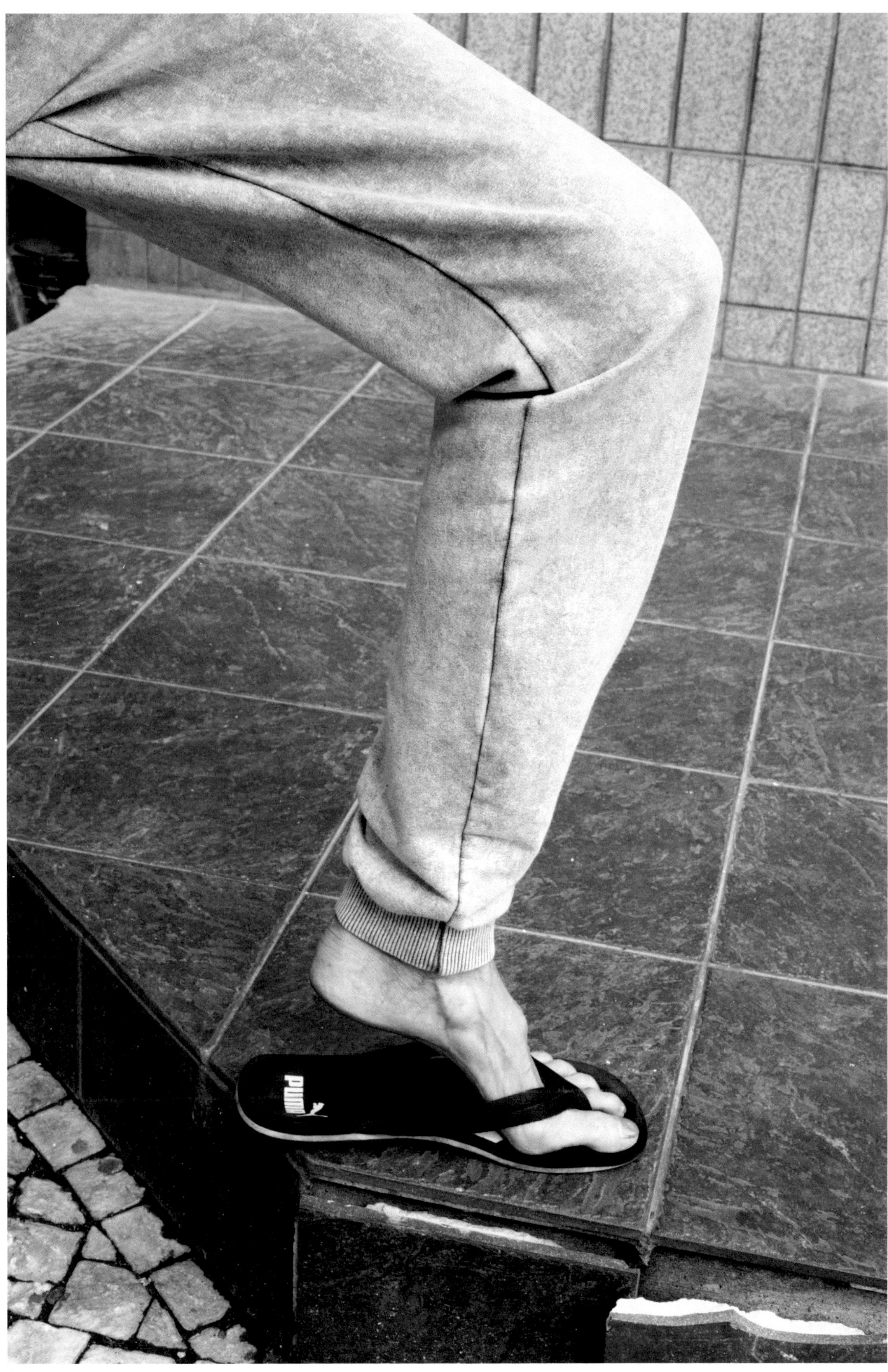
PUMA

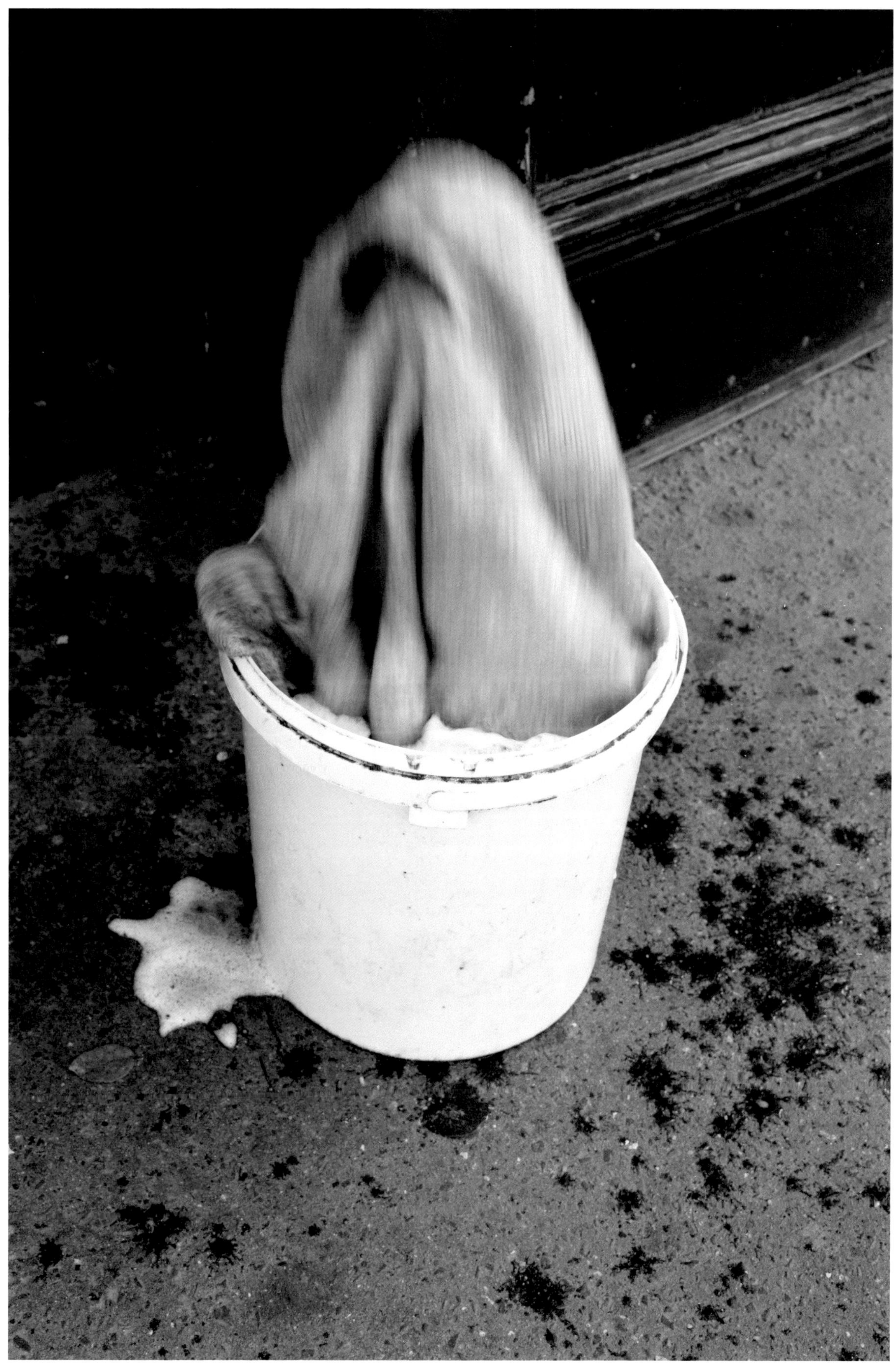

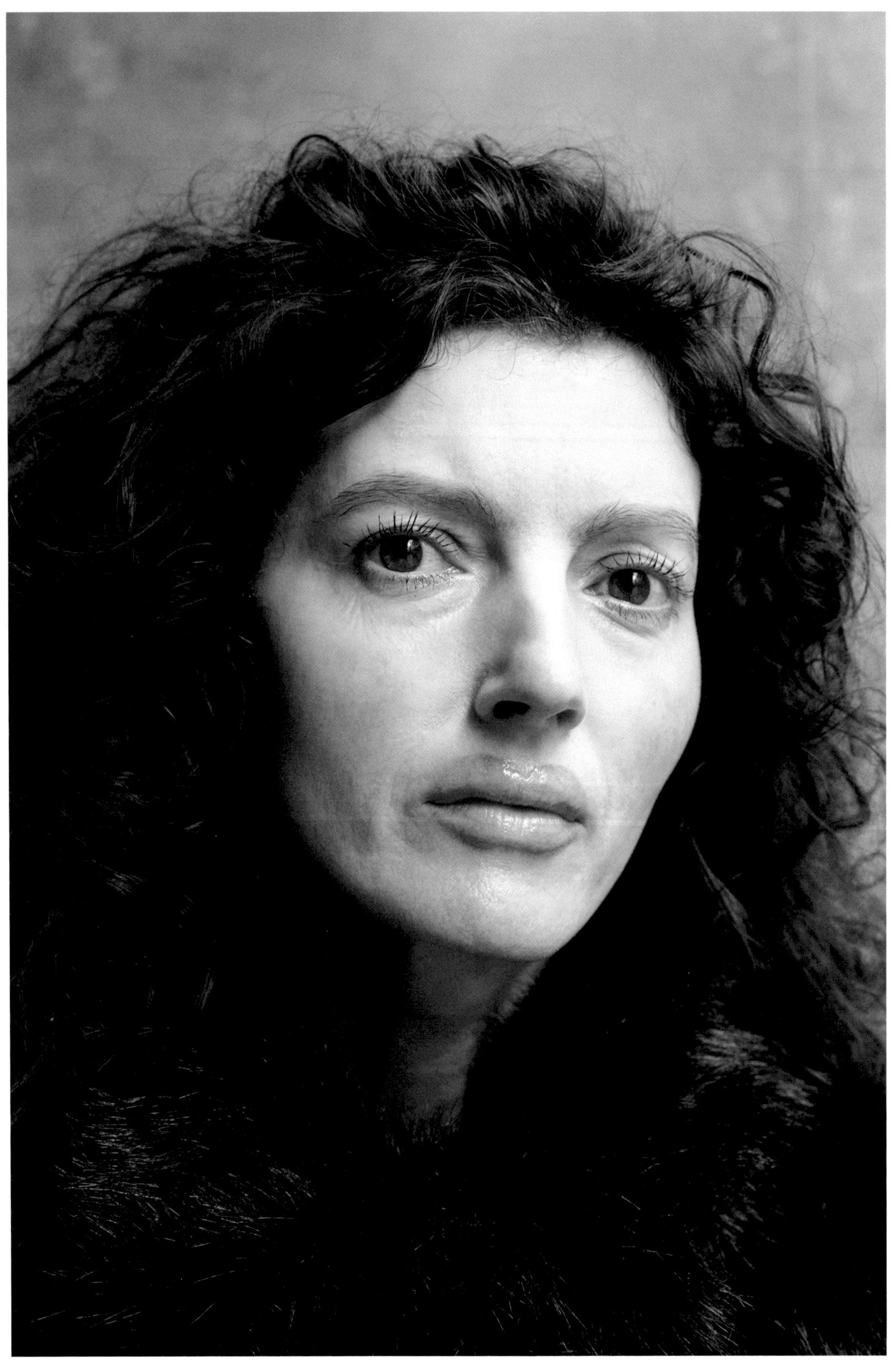

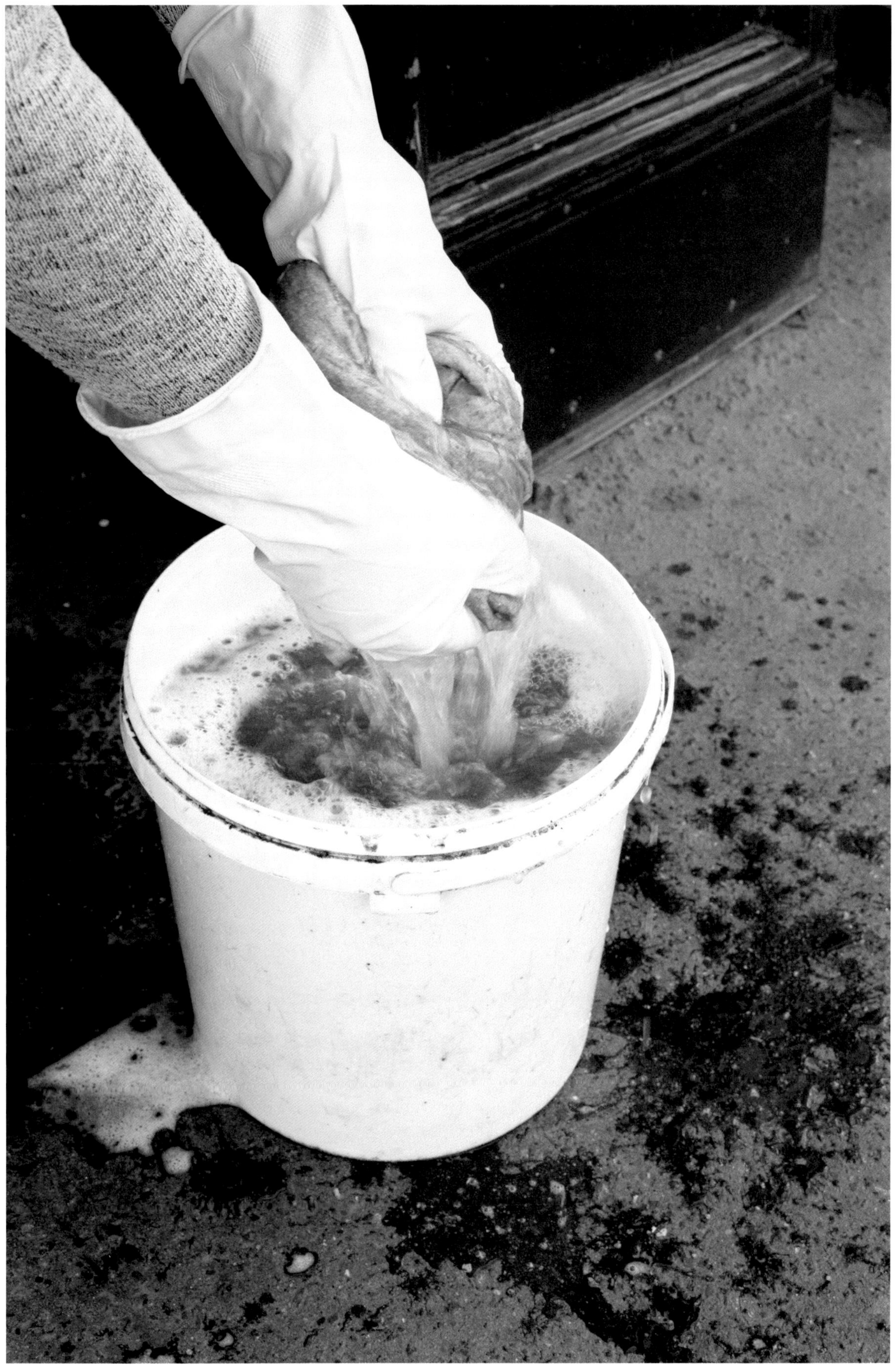

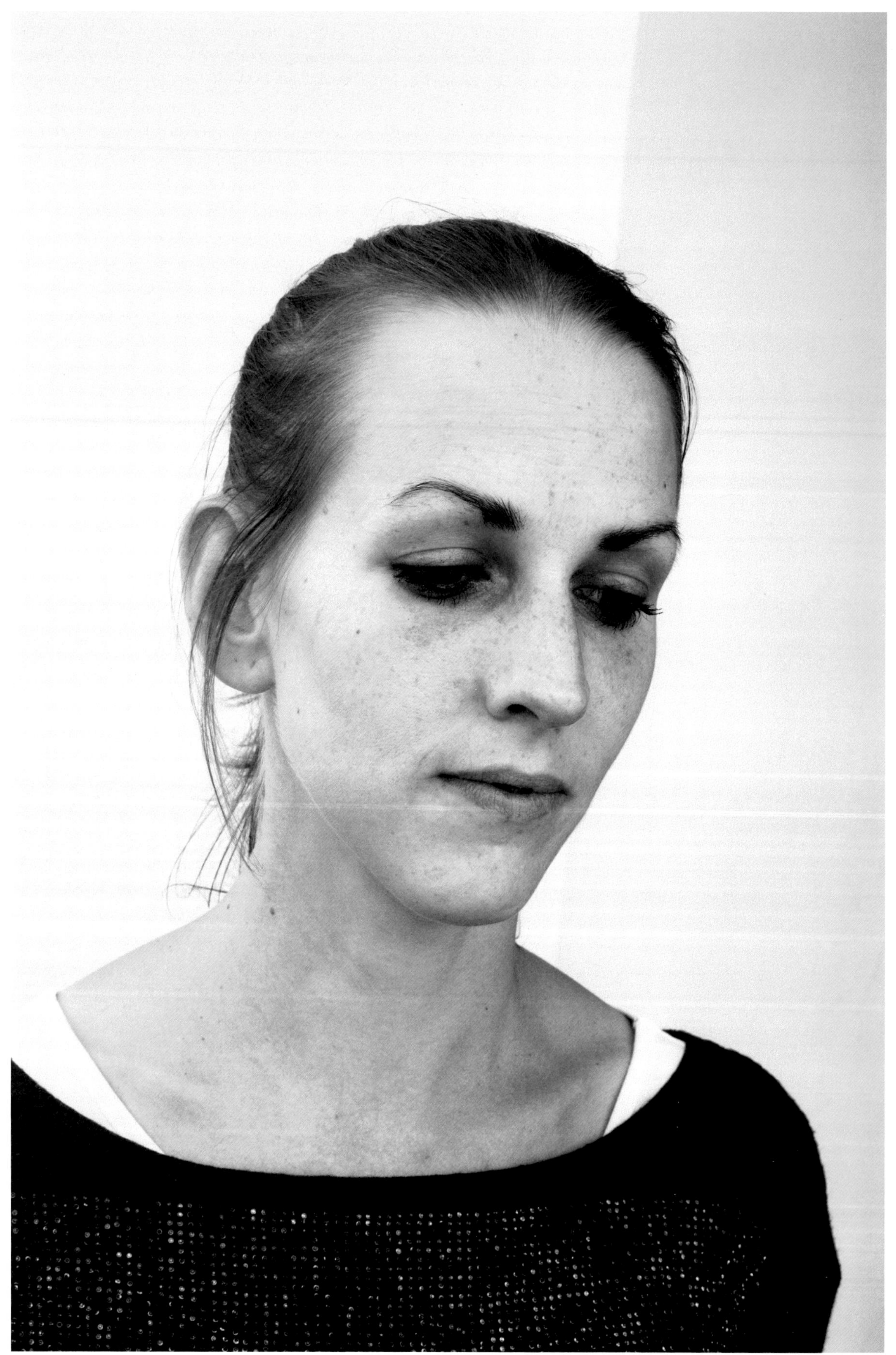

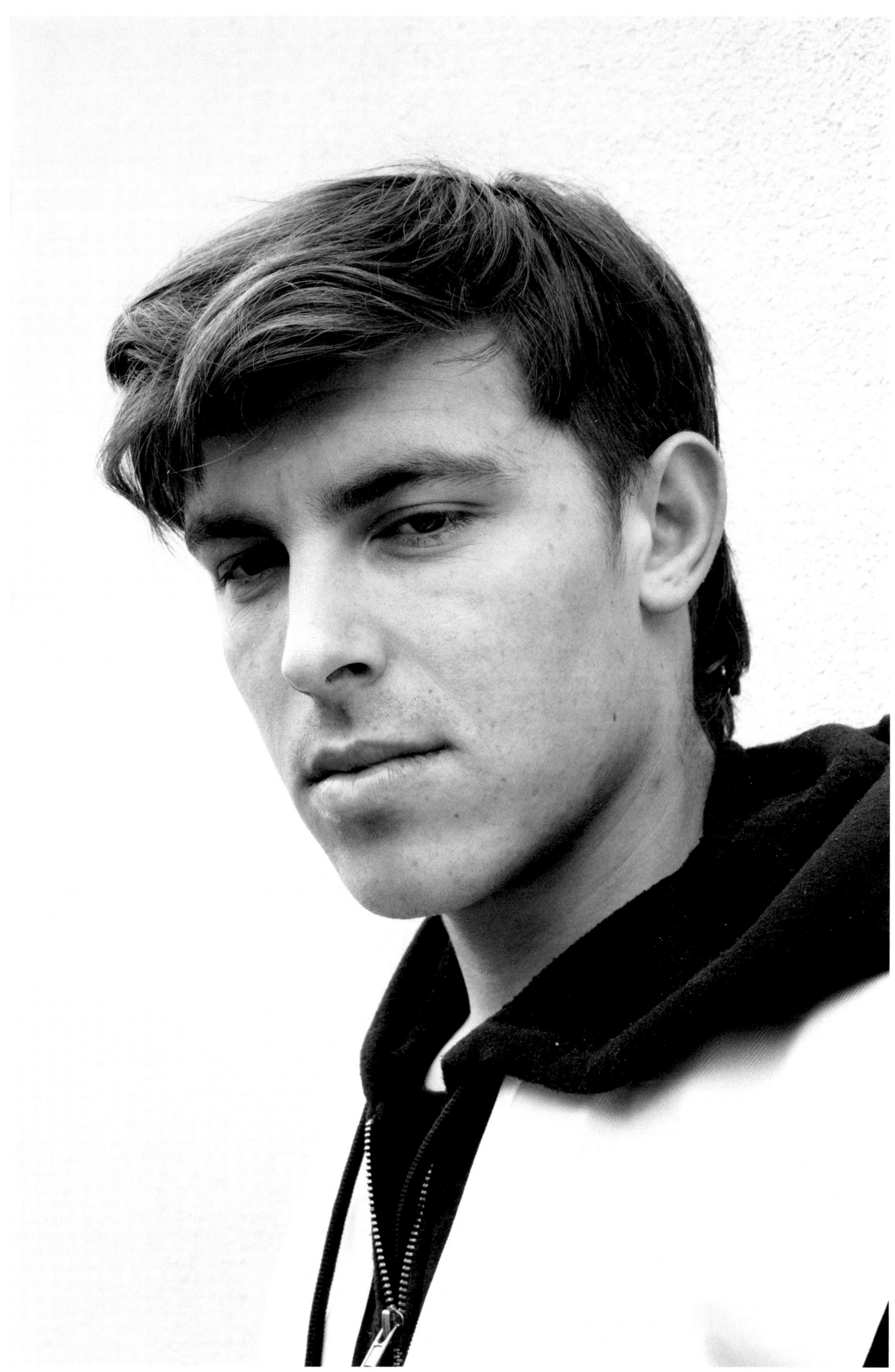

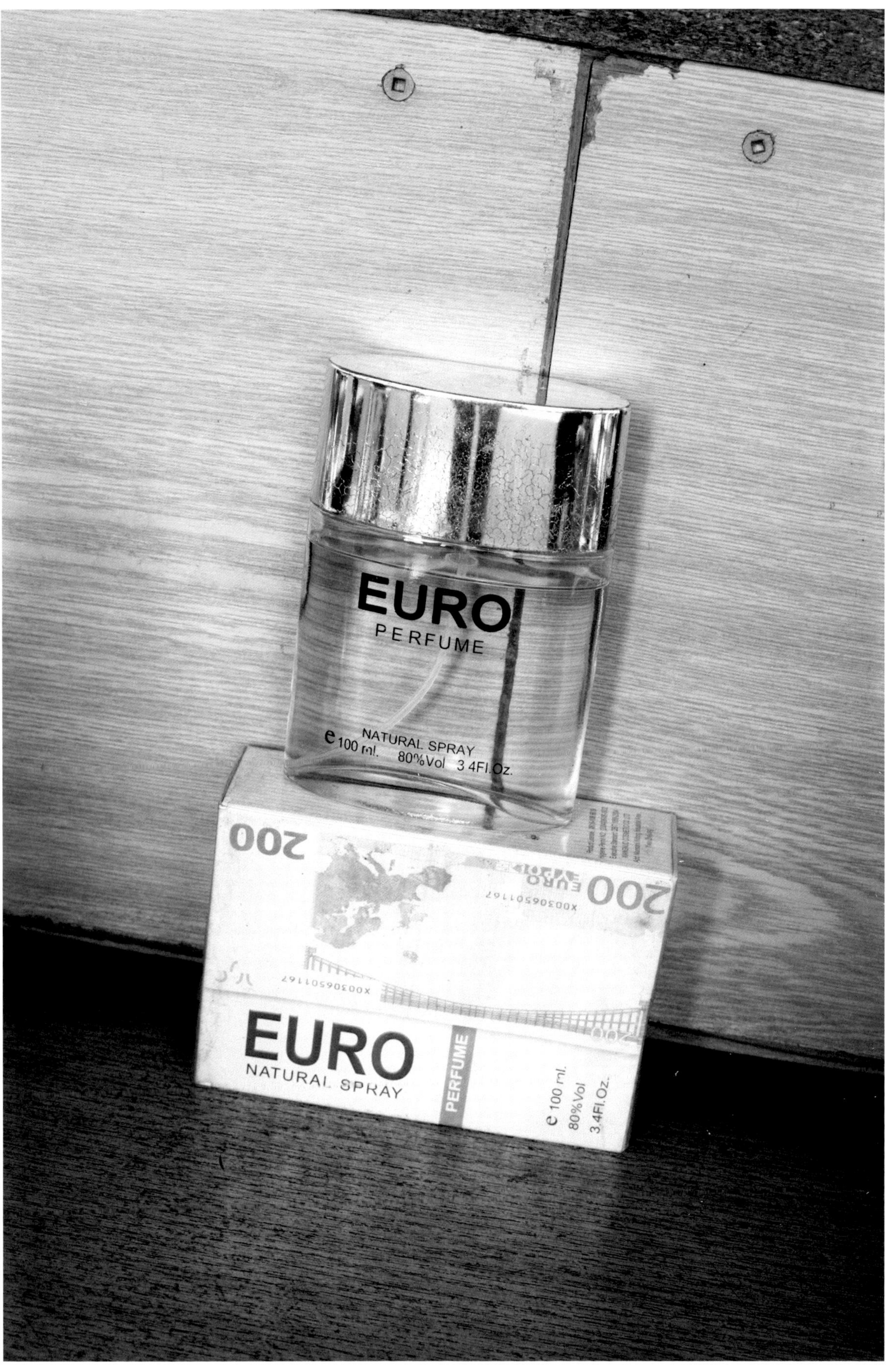
EURO
PERFUME
NATURAL SPRAY
e 100 ml. 80%Vol 3.4Fl.Oz.
EURO
NATURAL SPRAY
PERFUME
e 100 ml.
80%Vol
3.4Fl.Oz.

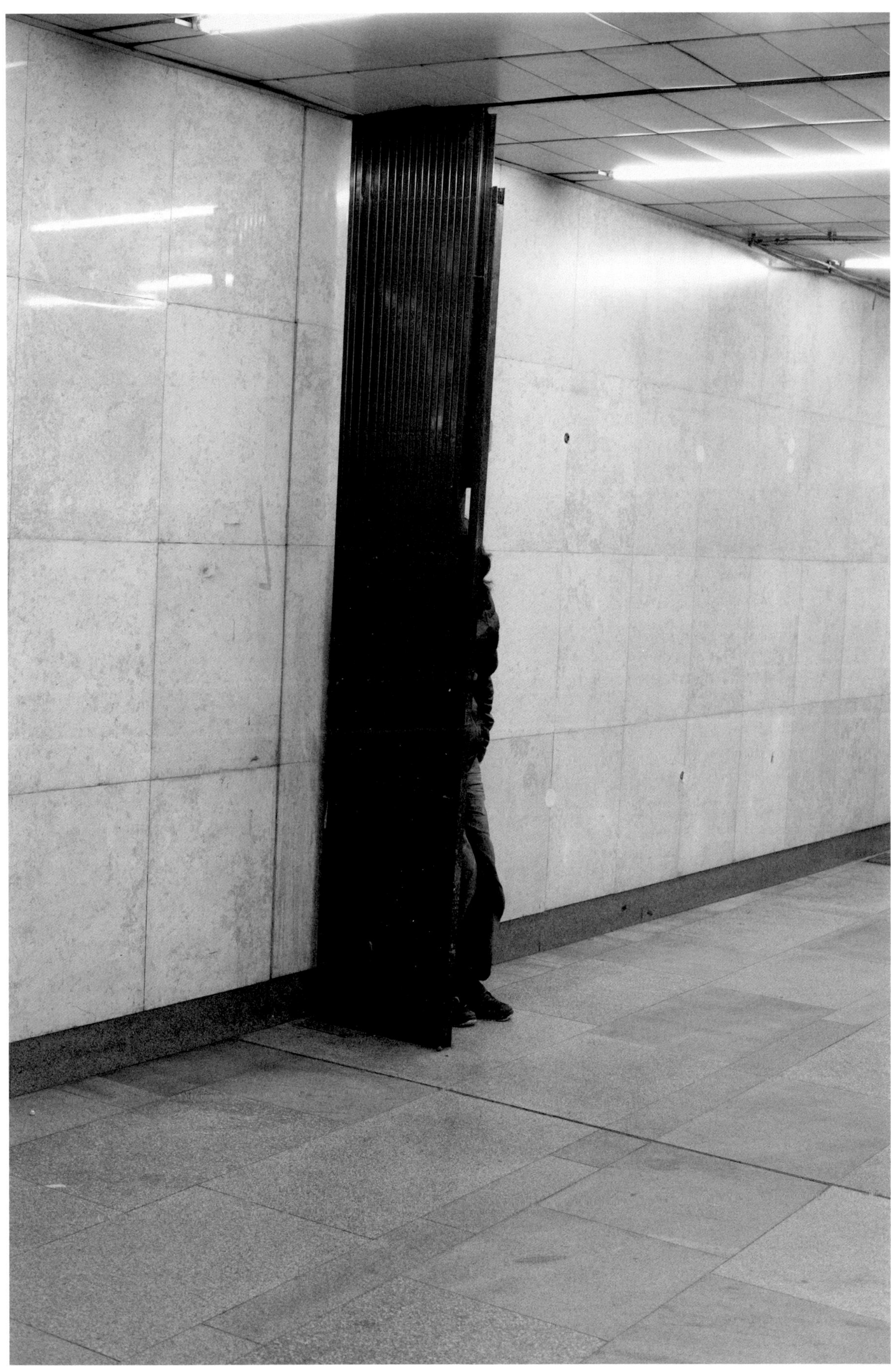

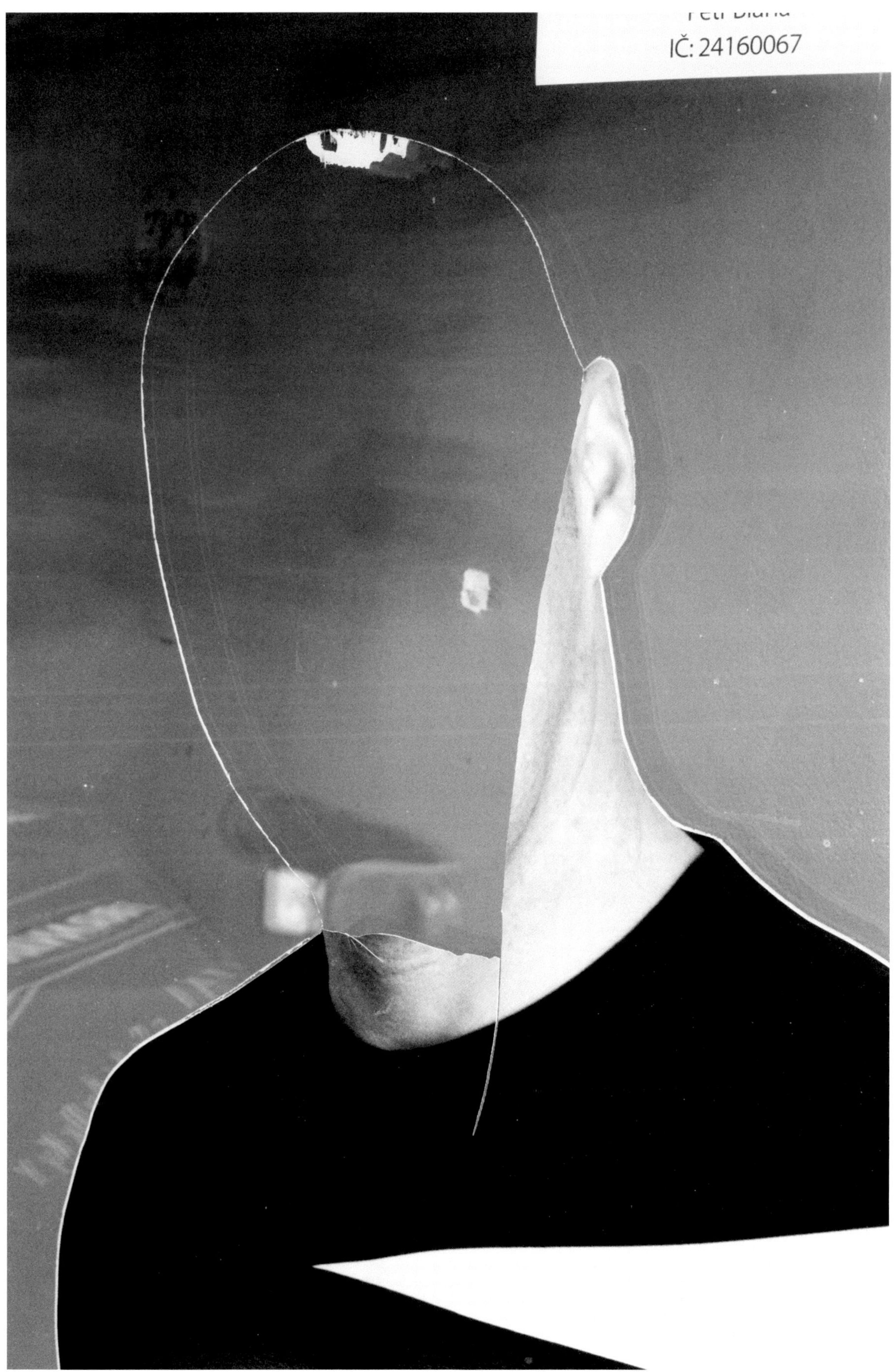
IČ: 24160067

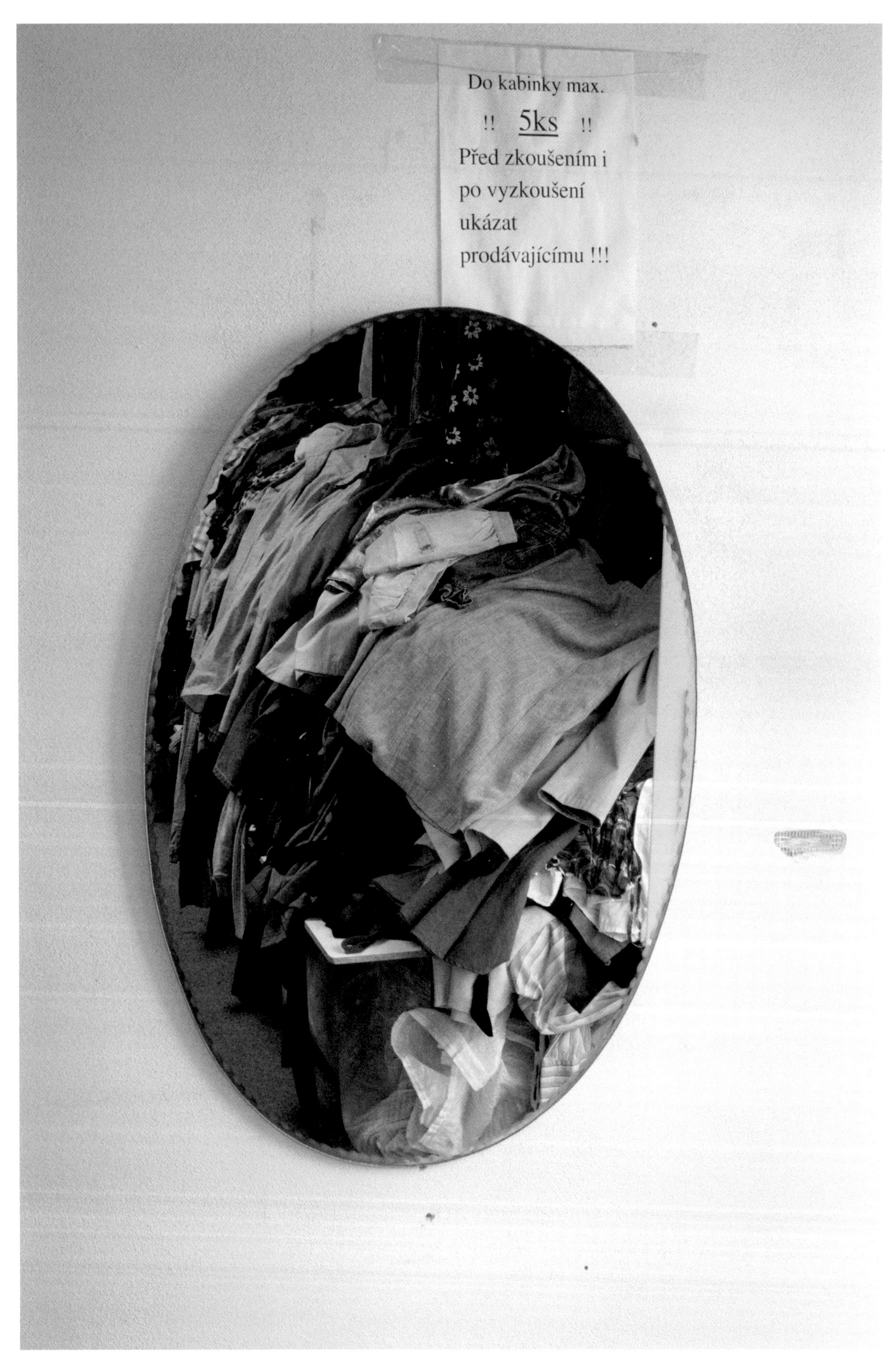
Do kabinky max.
!! 5ks !!
Před zkoušením i
po vyzkoušení
ukázat
prodávajícímu !!!

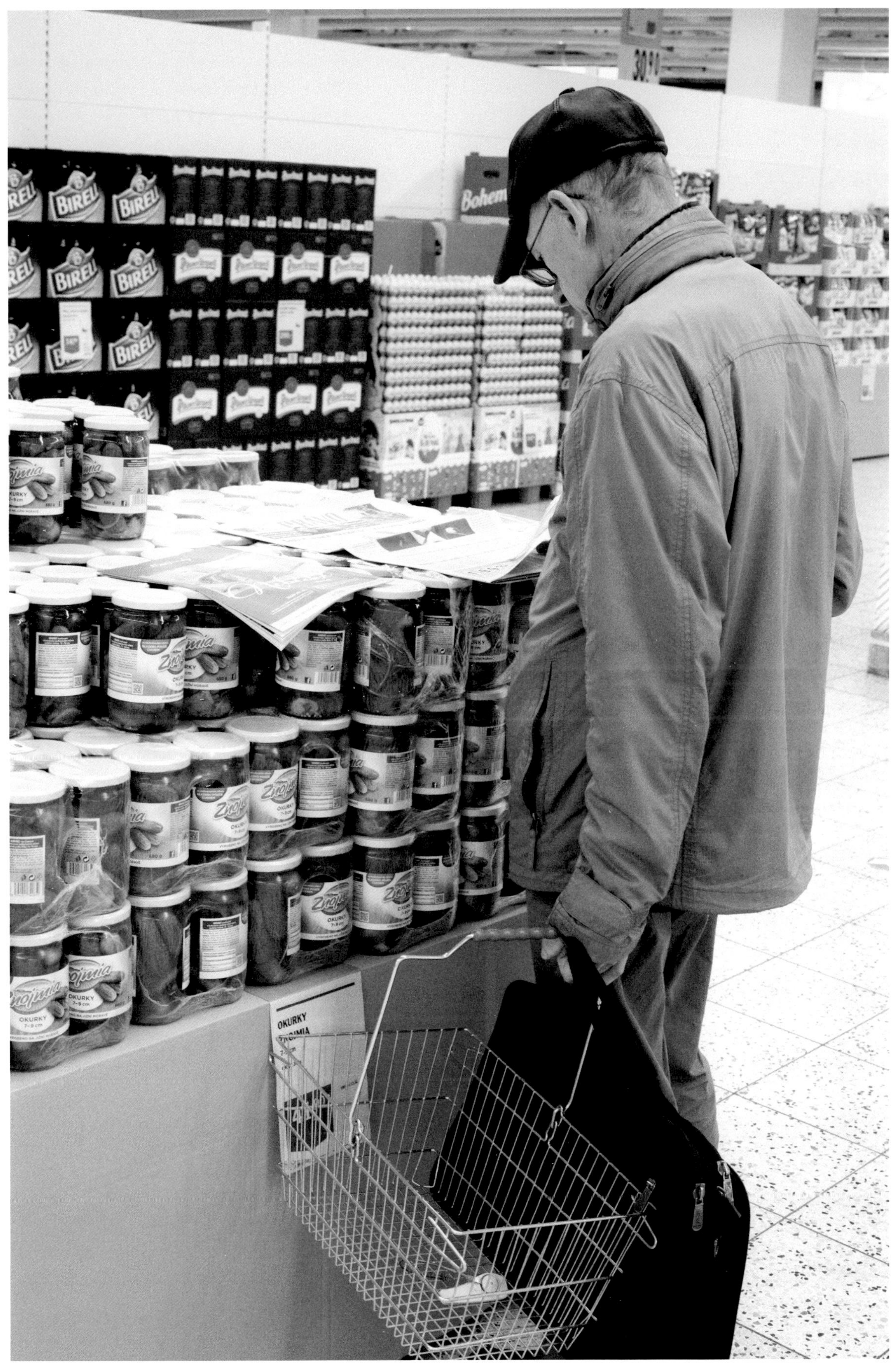
BIRELL
OKURKY

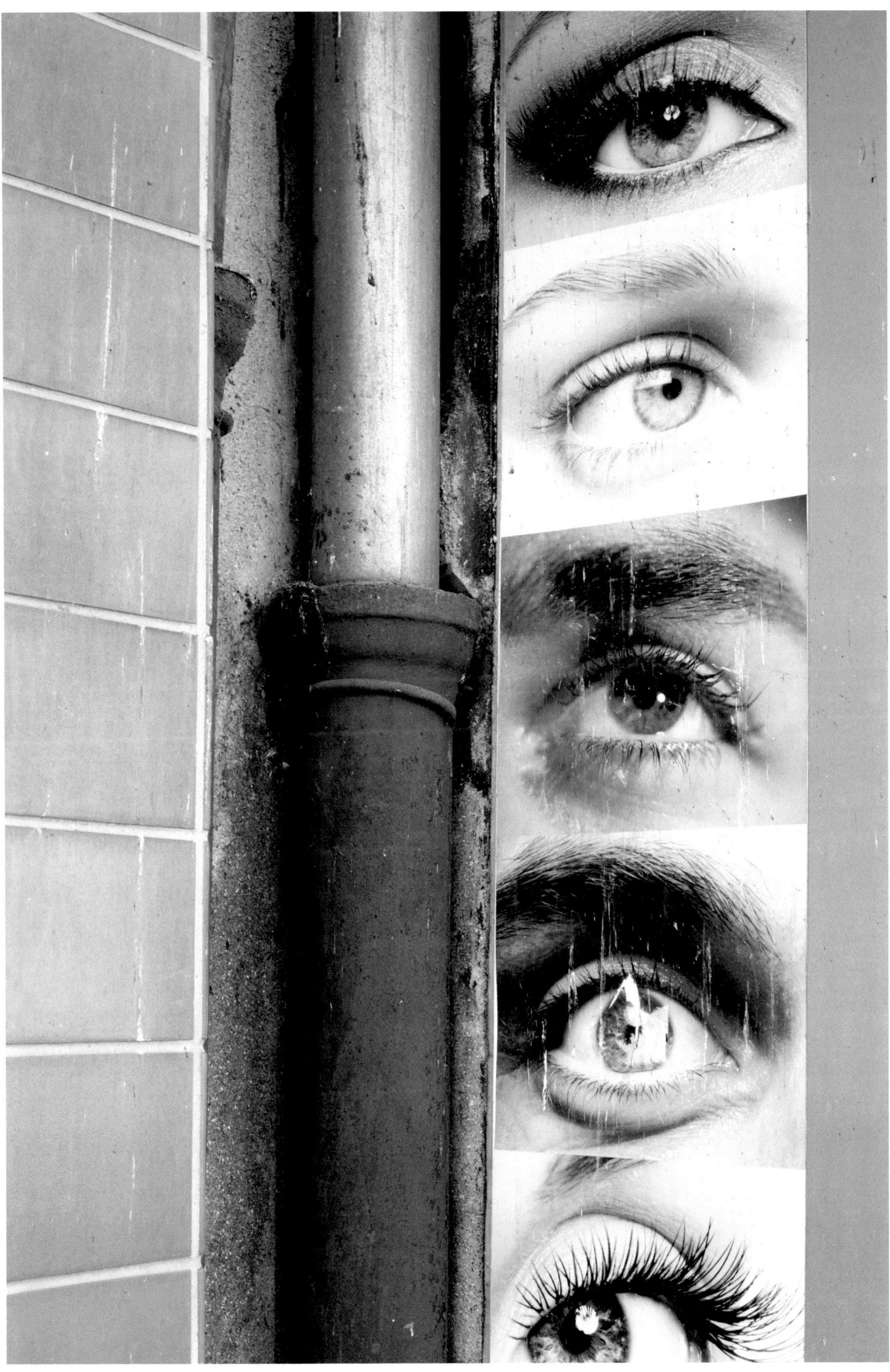

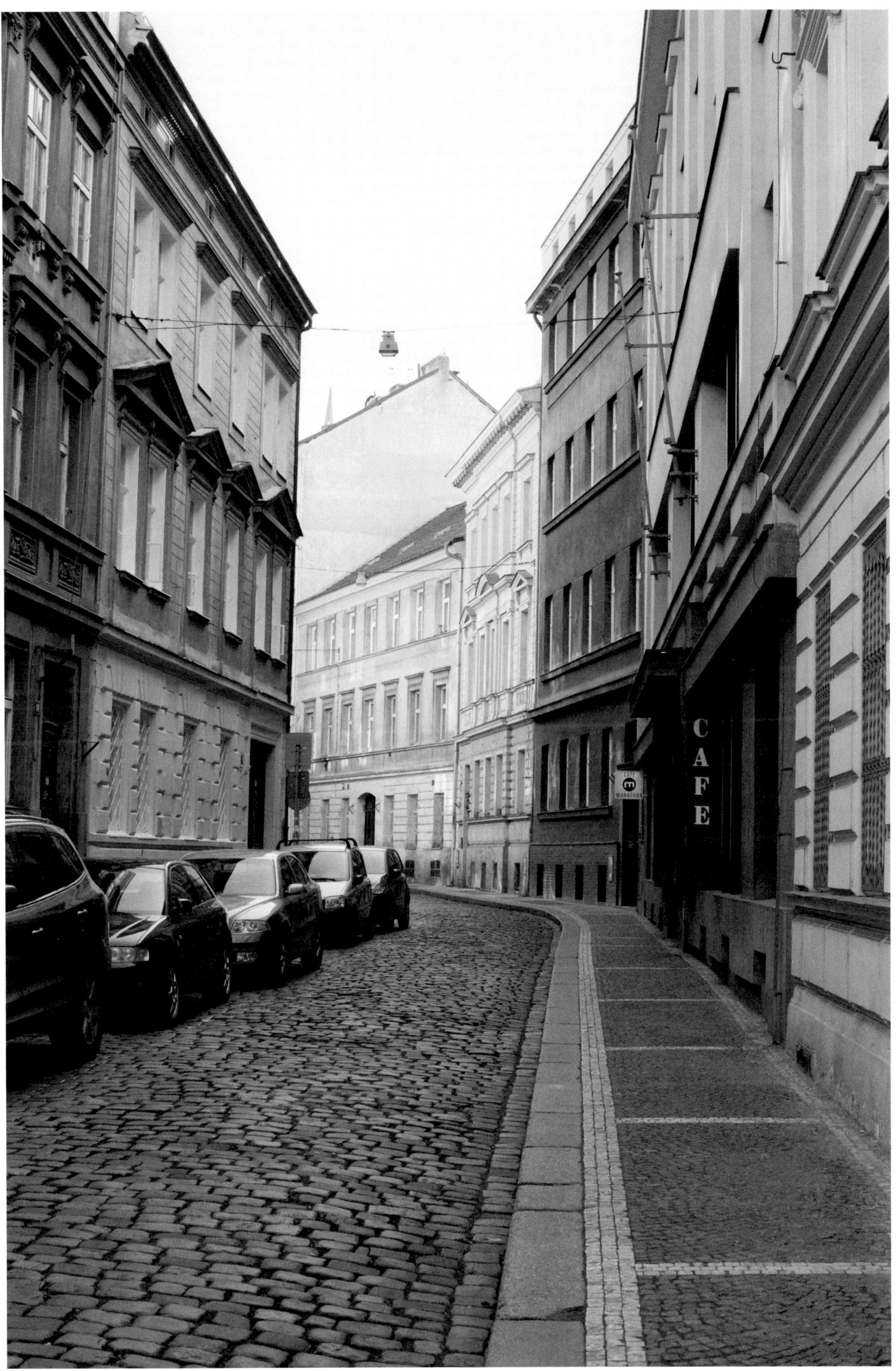
CAFE

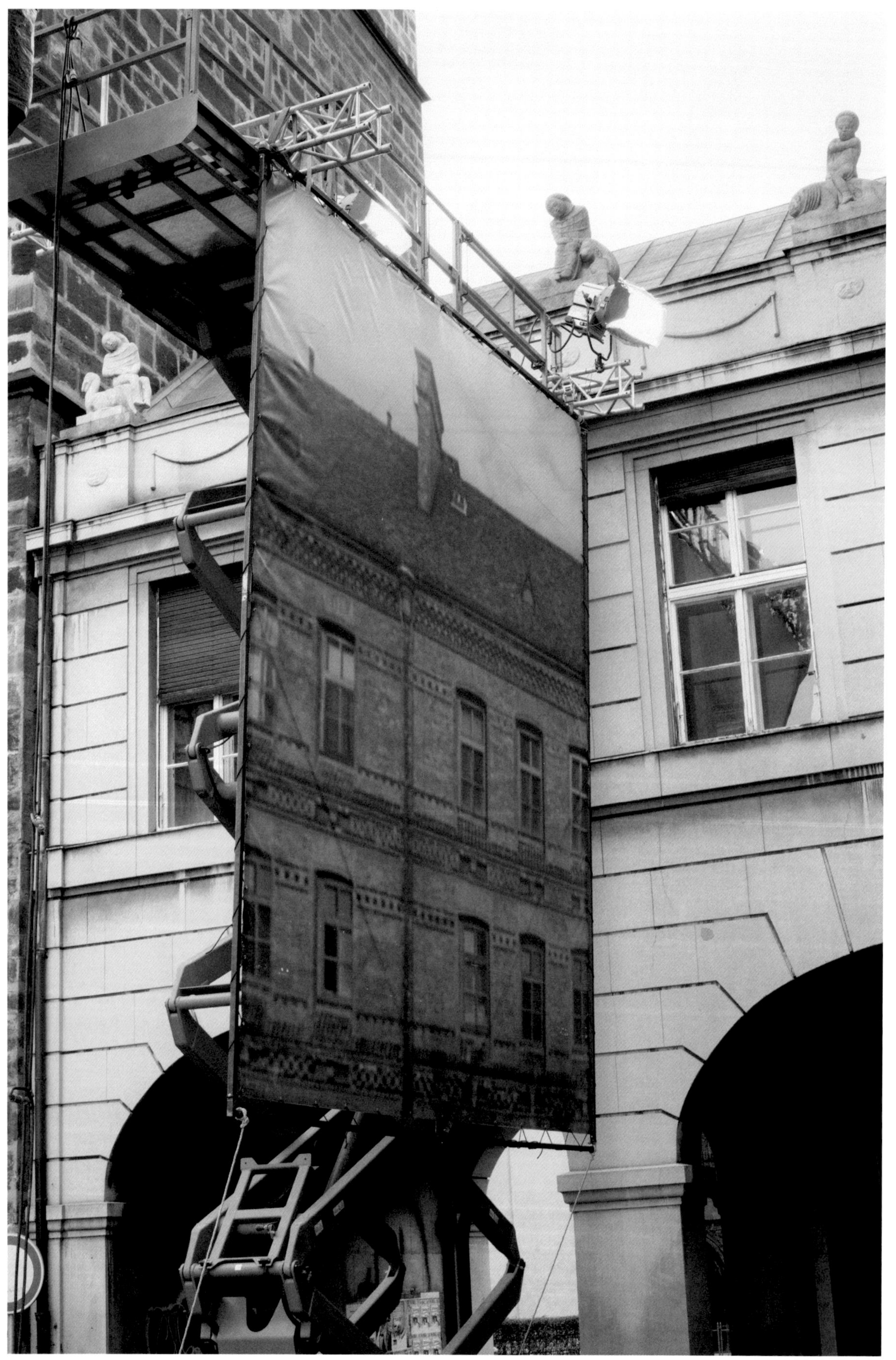

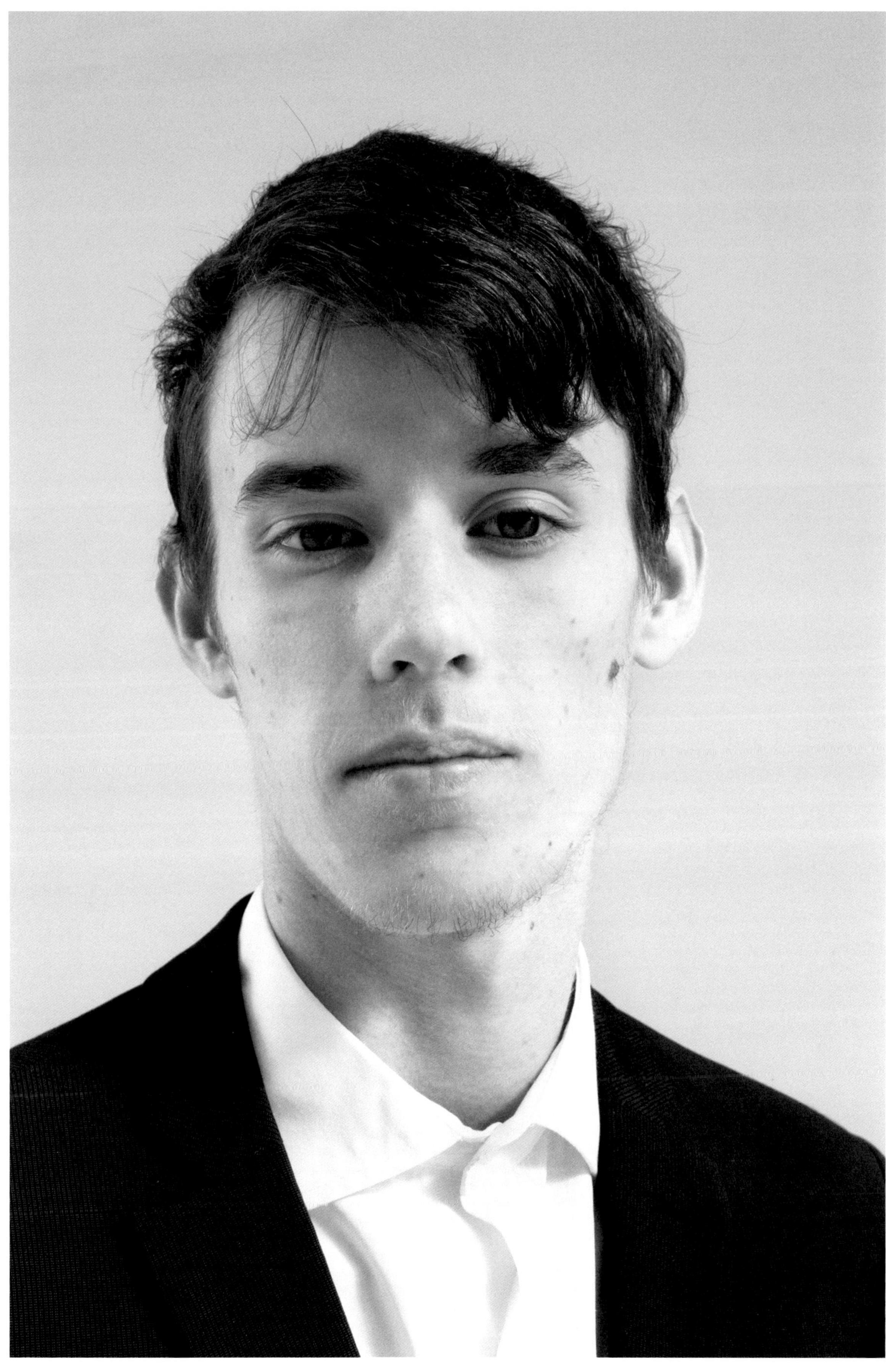

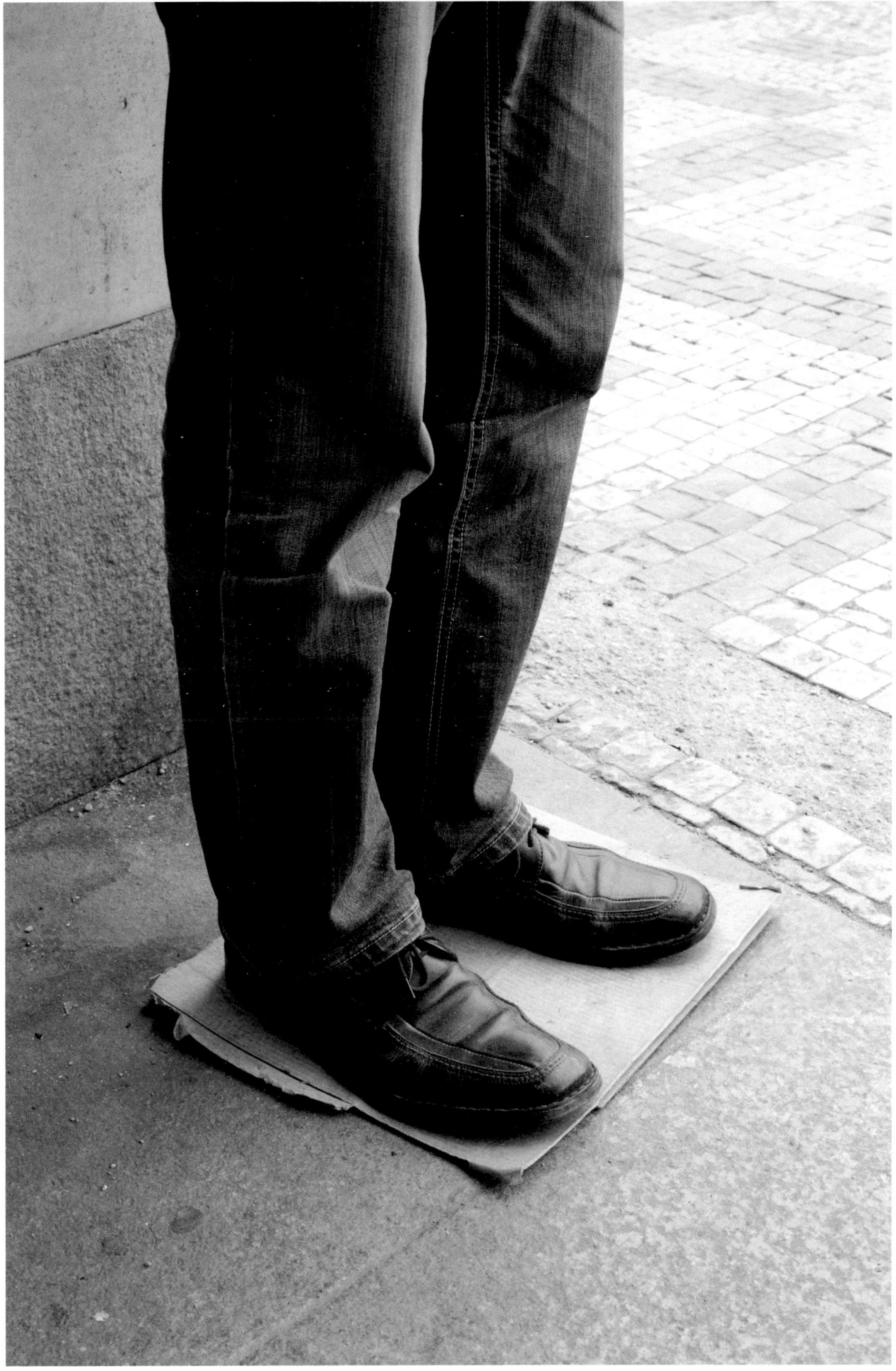

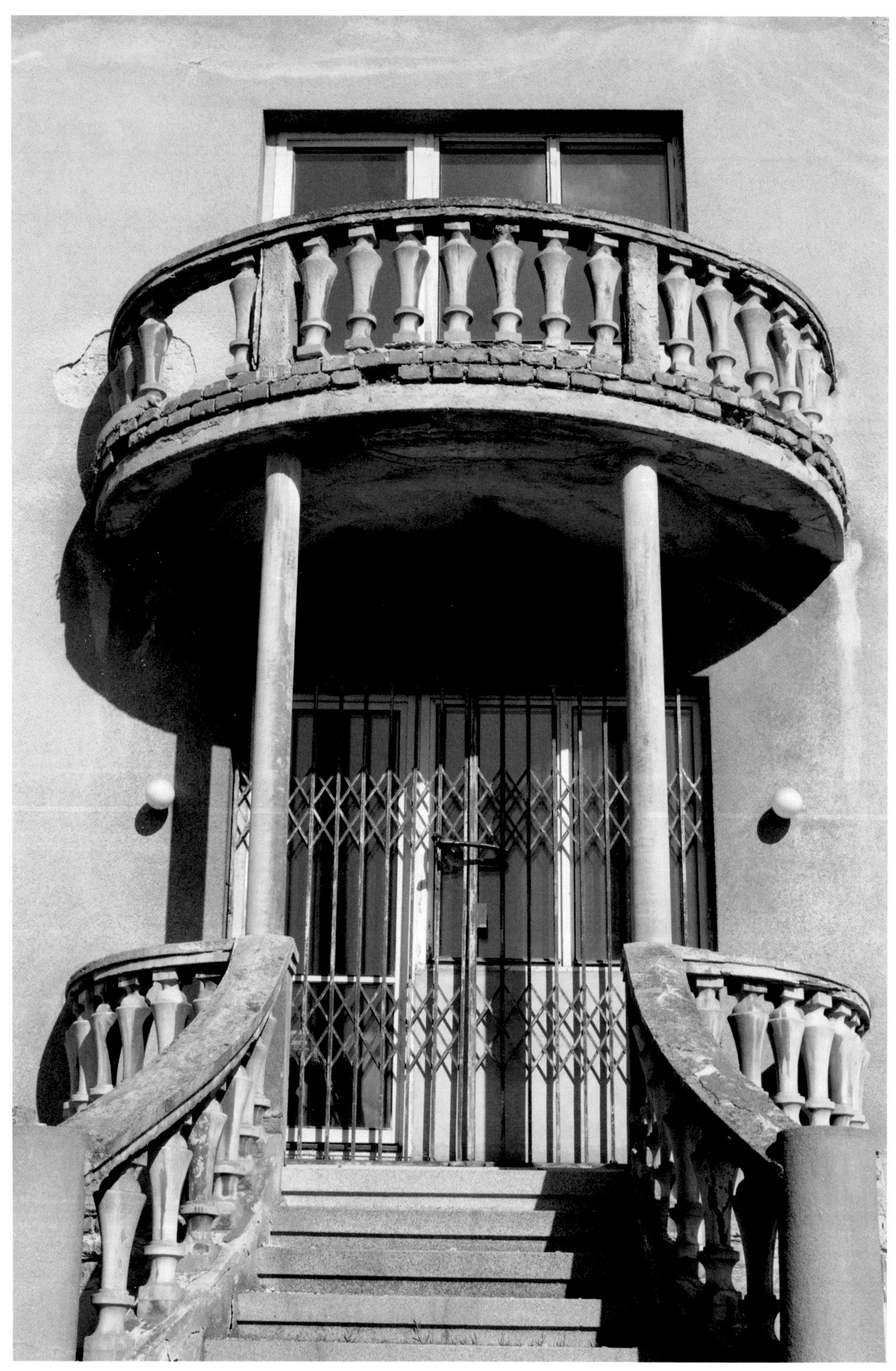

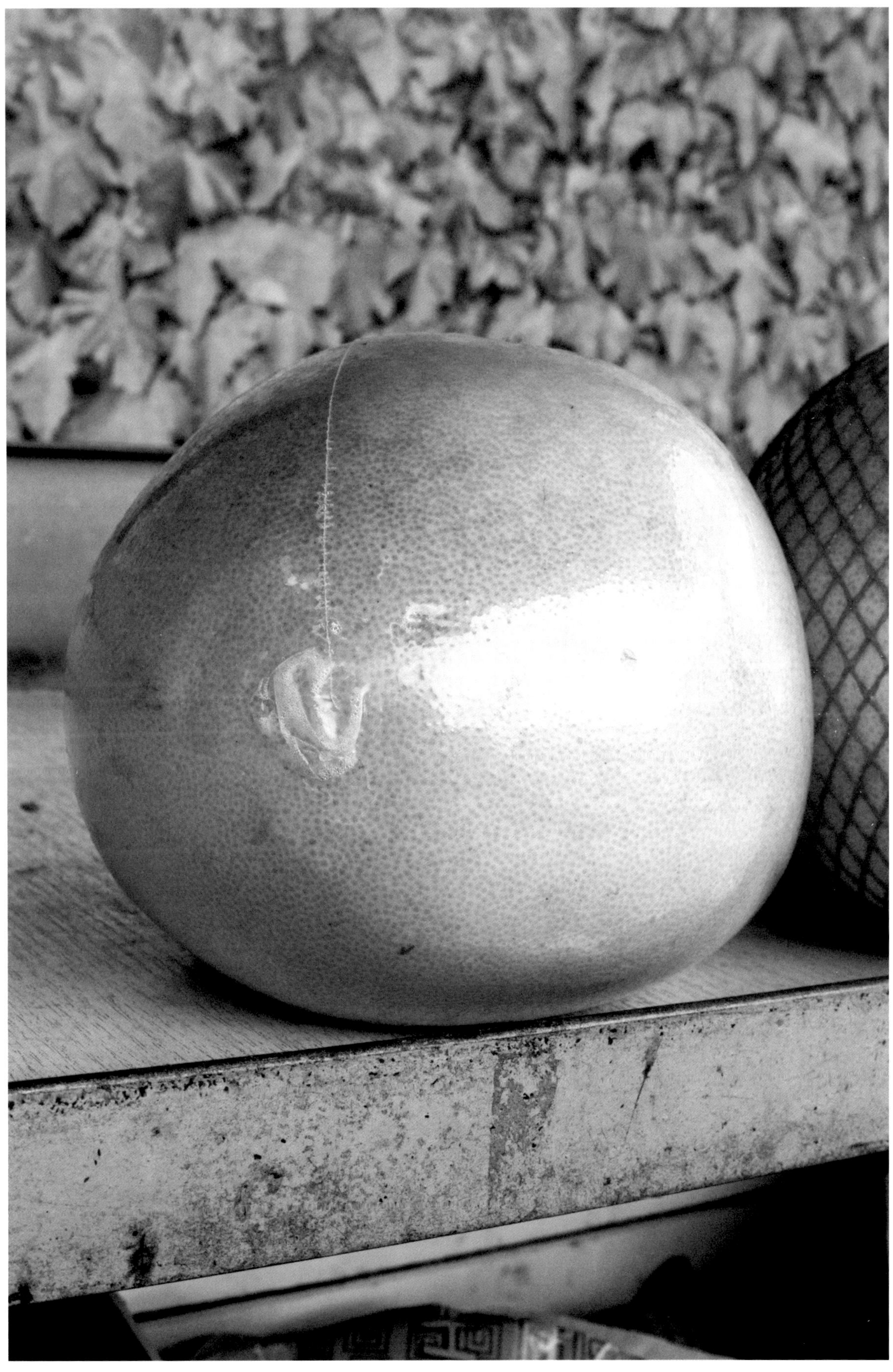

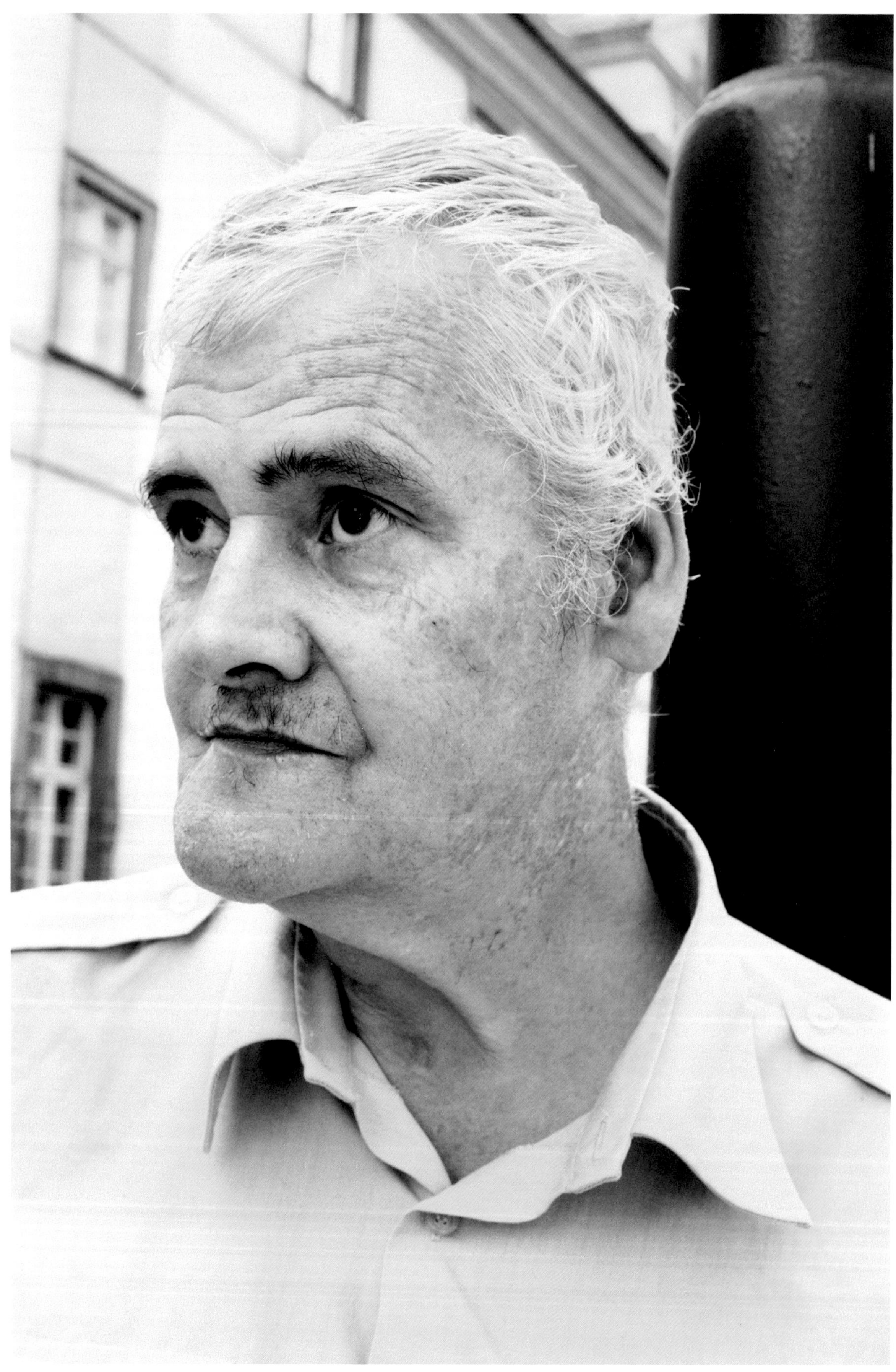

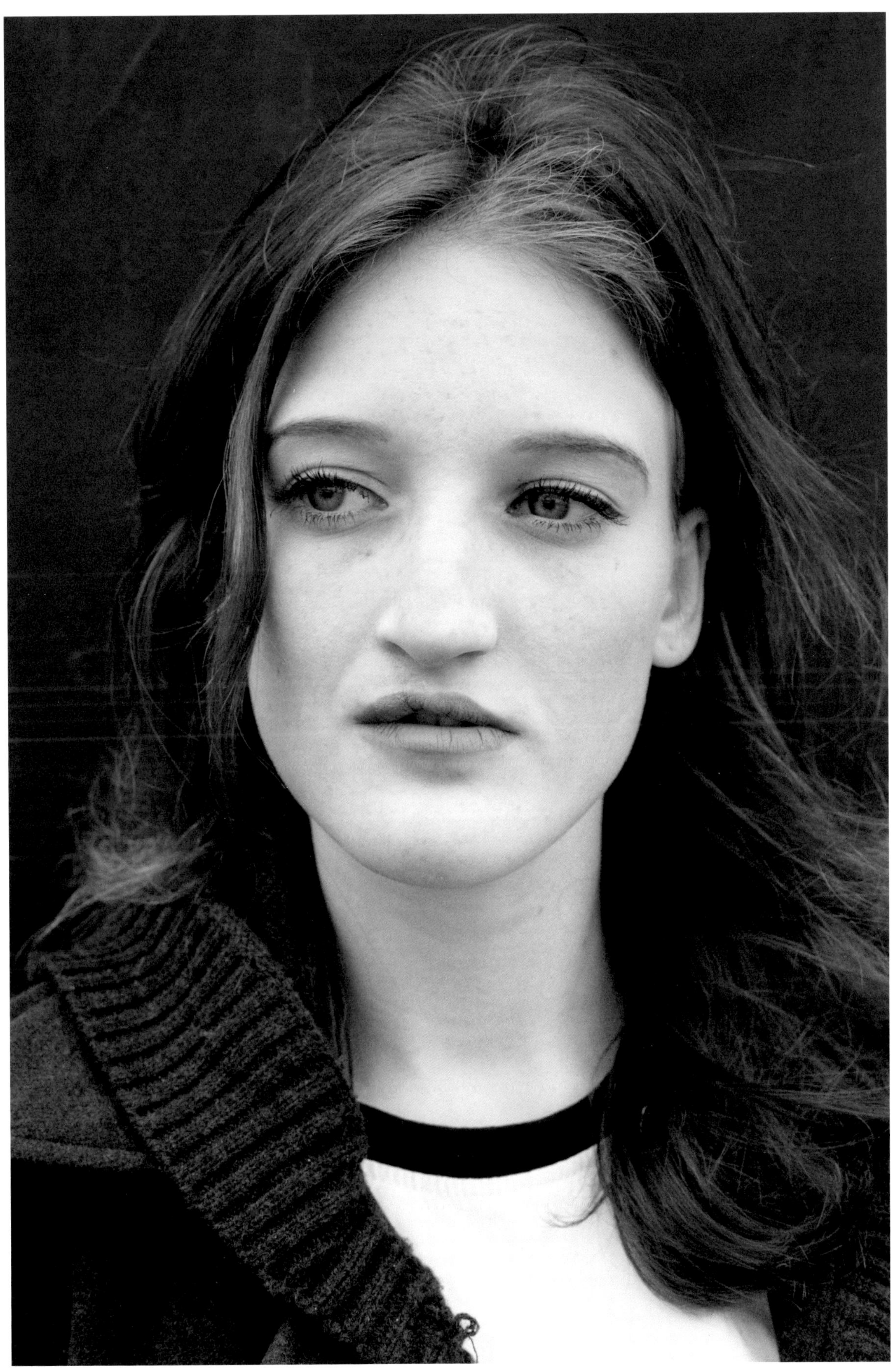

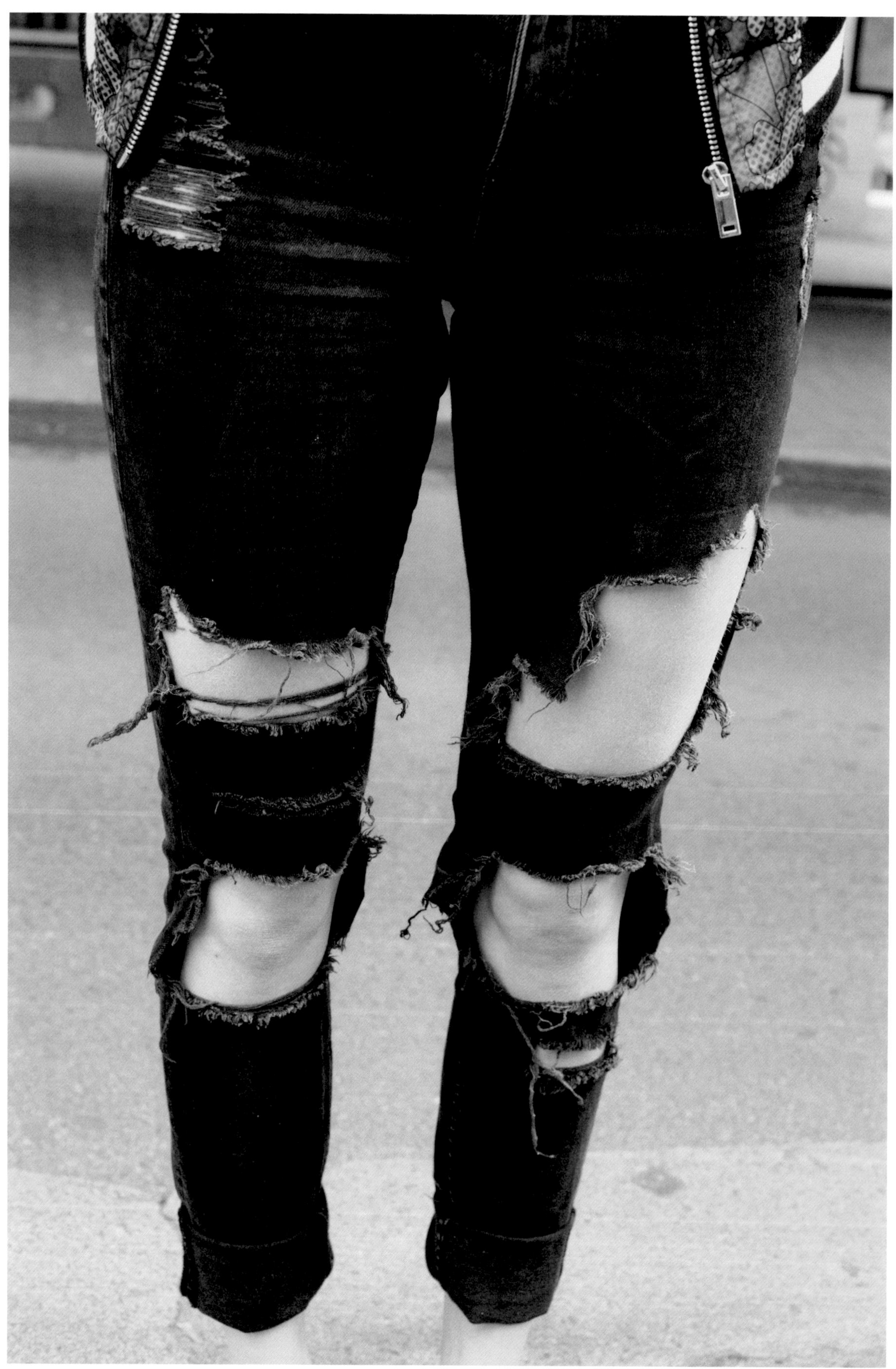

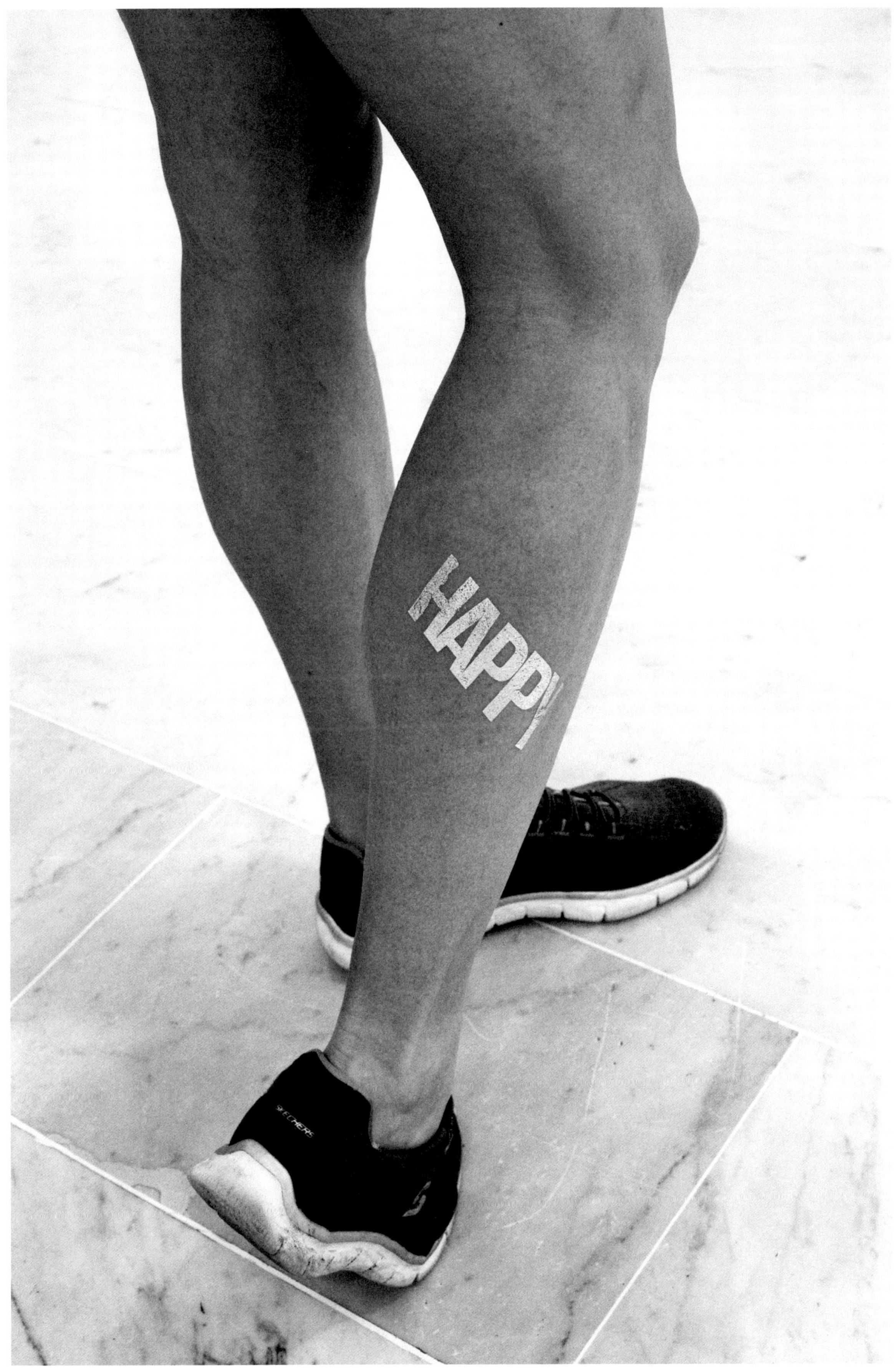
HAPPY
SKECHERS

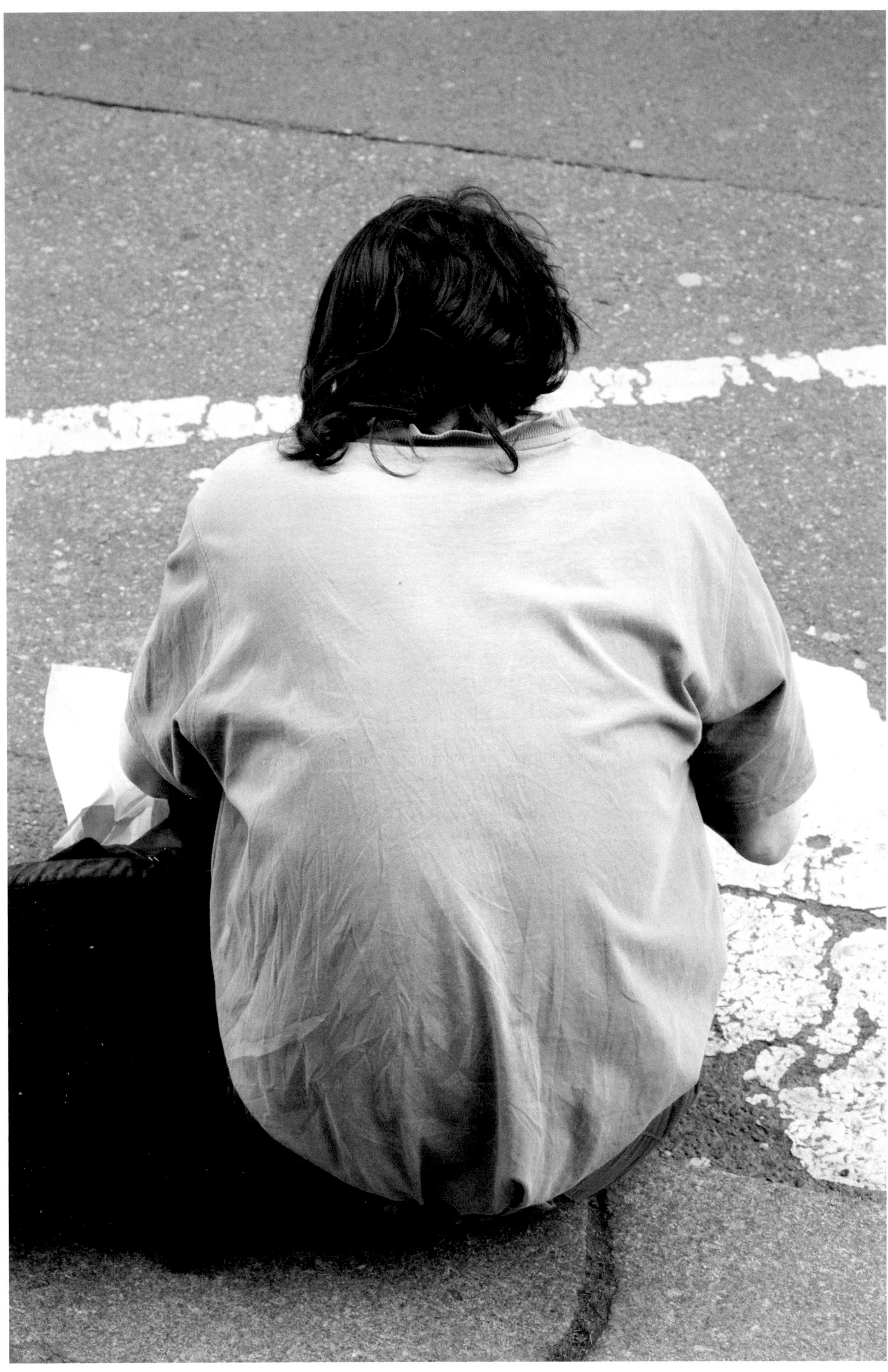

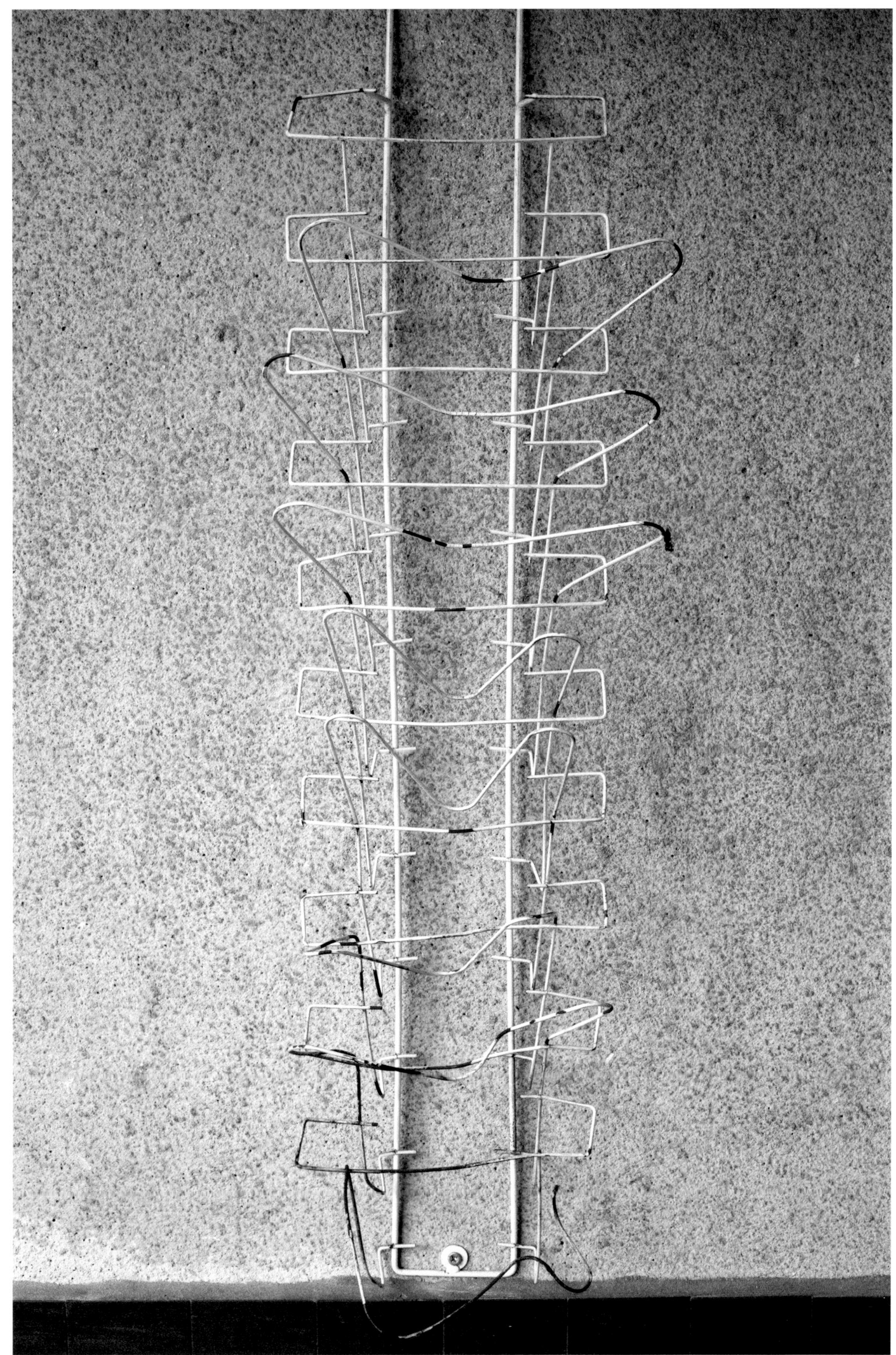

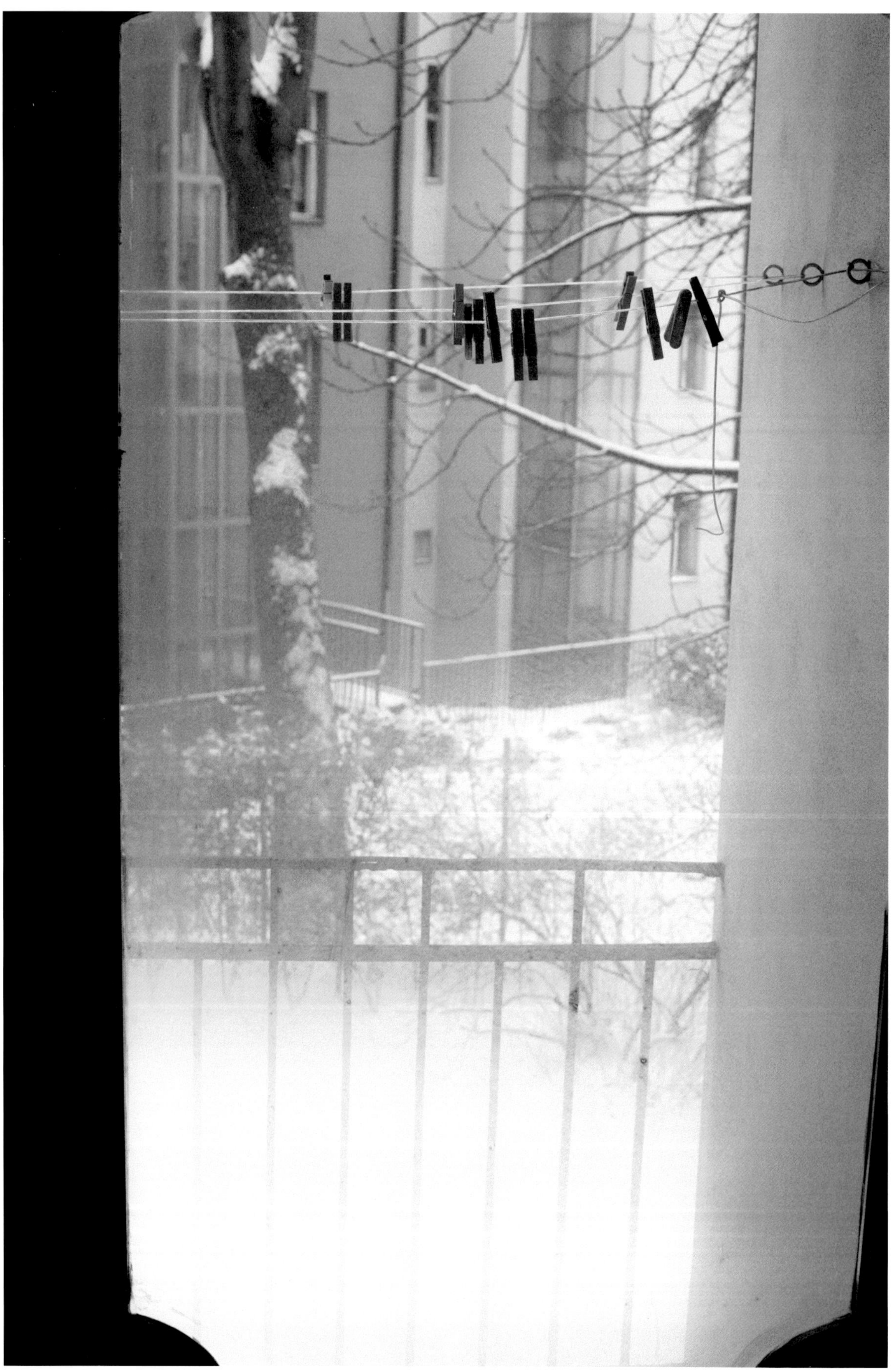

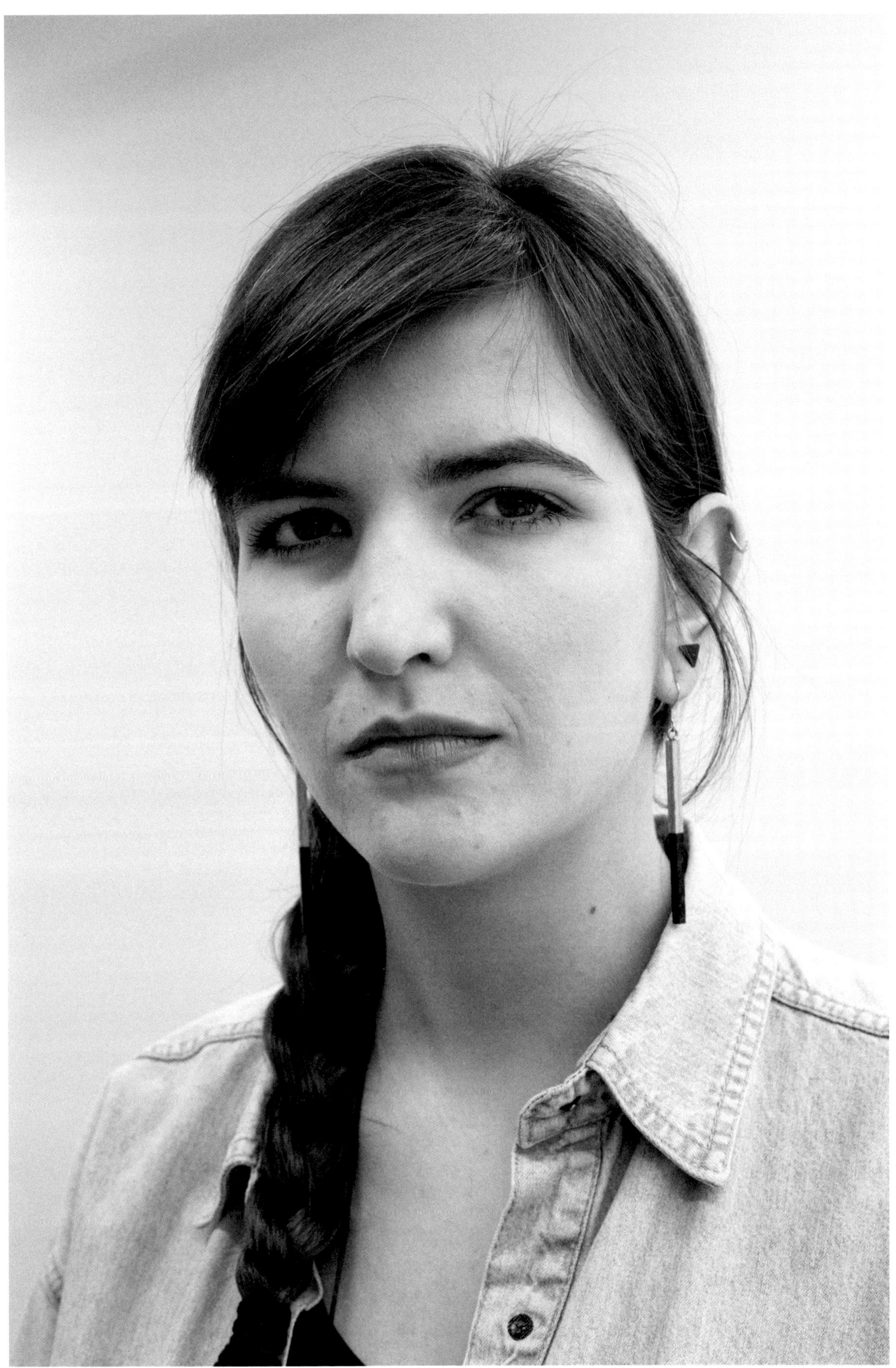

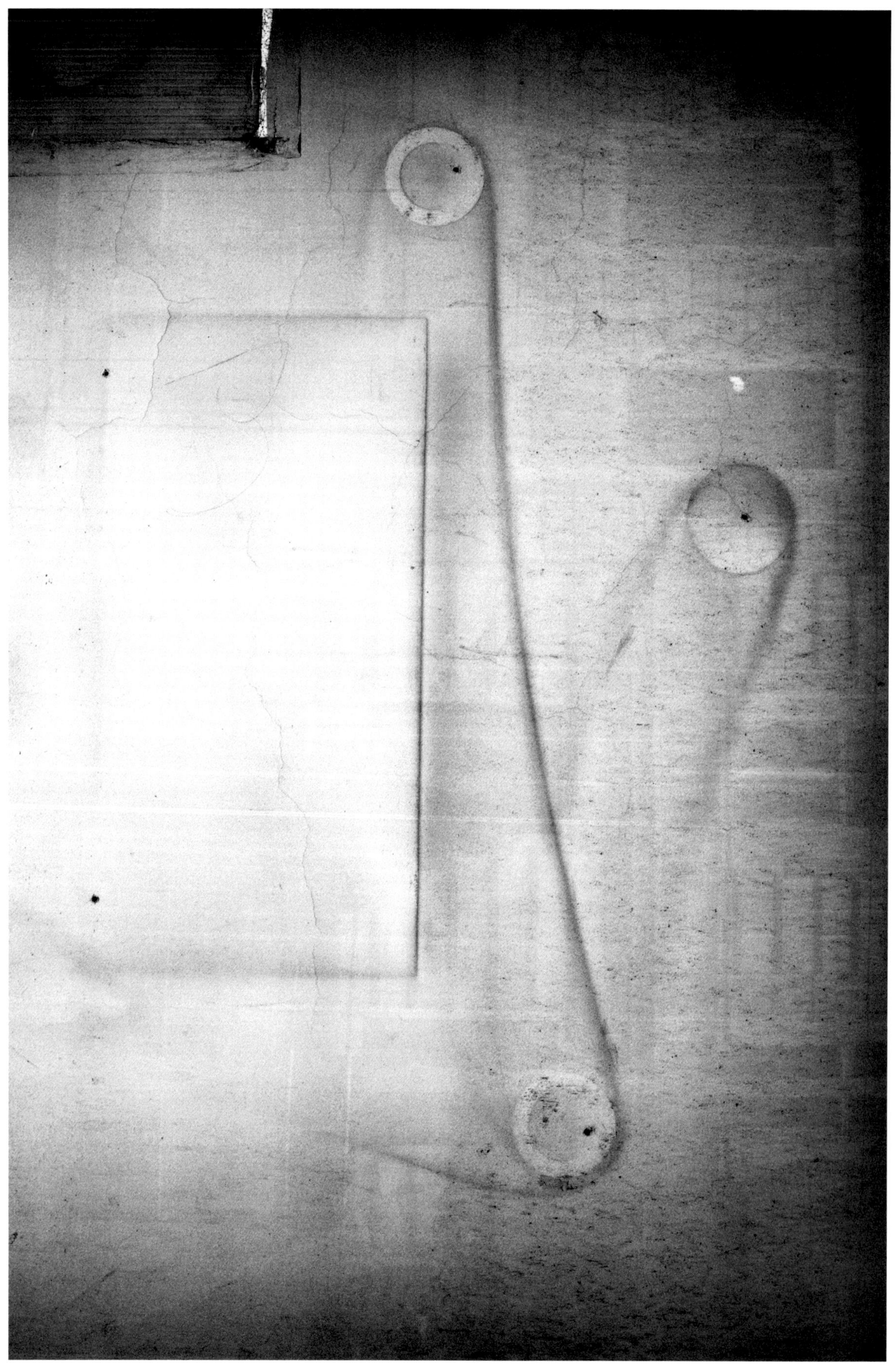

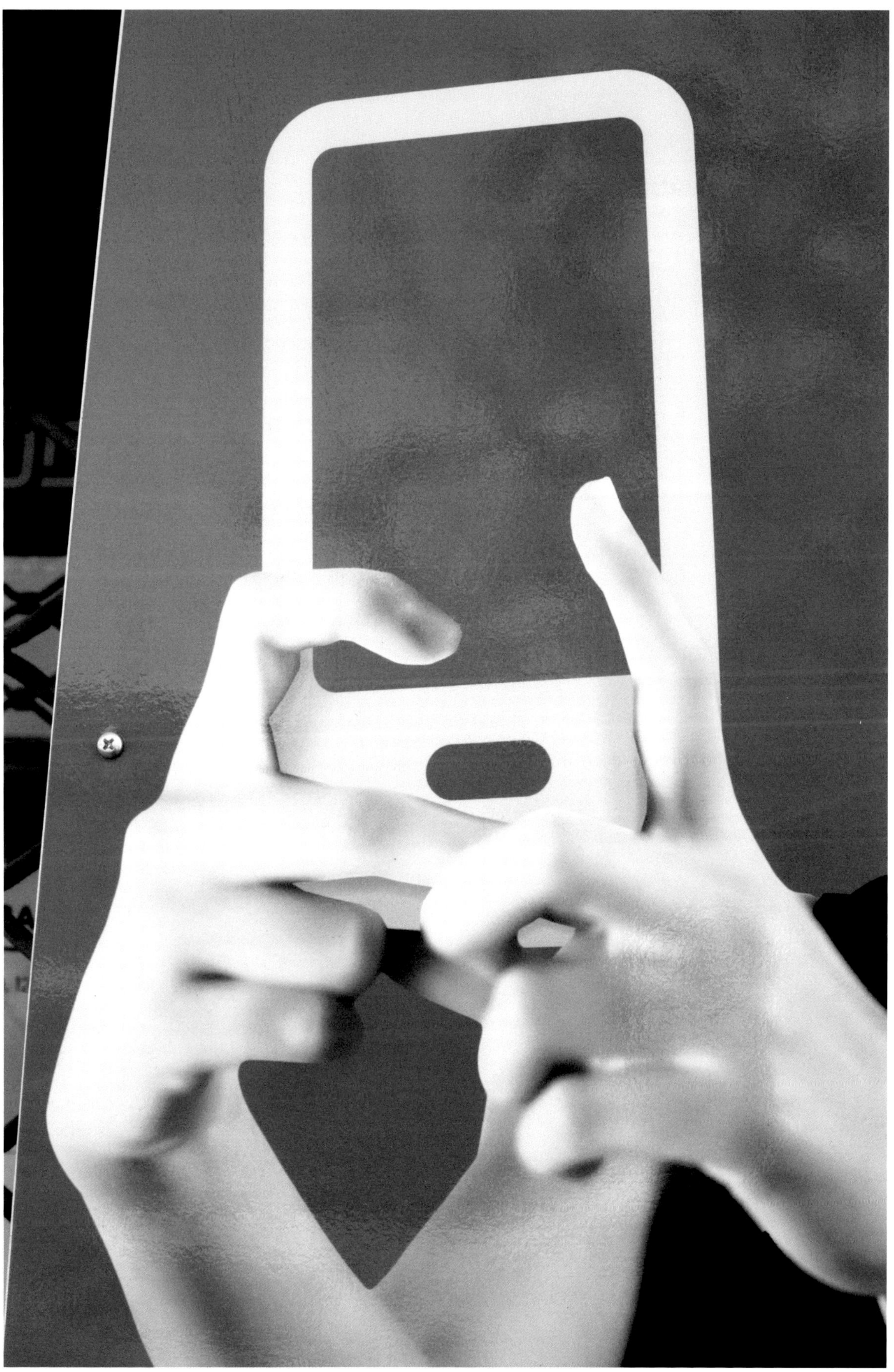

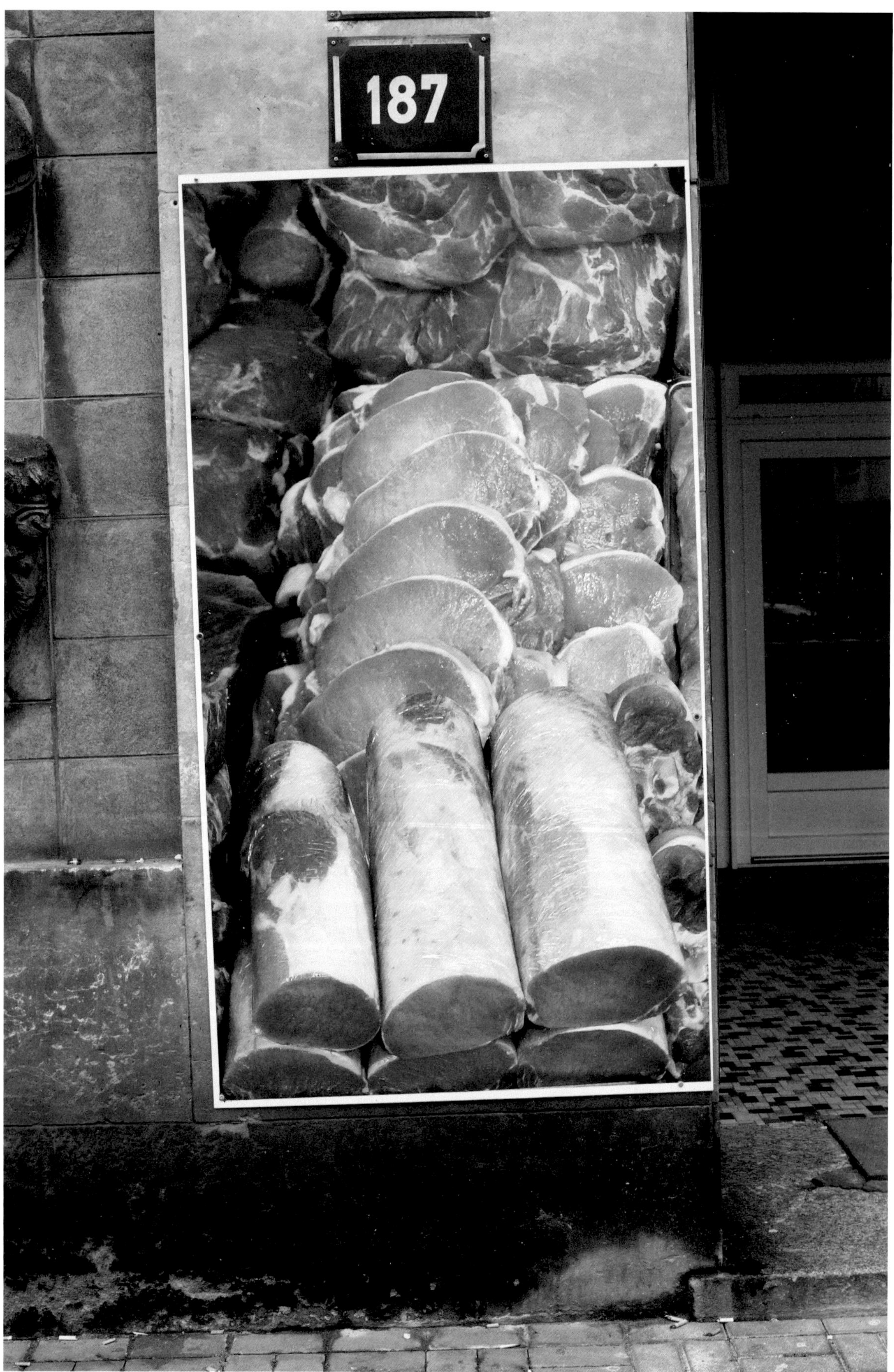
187

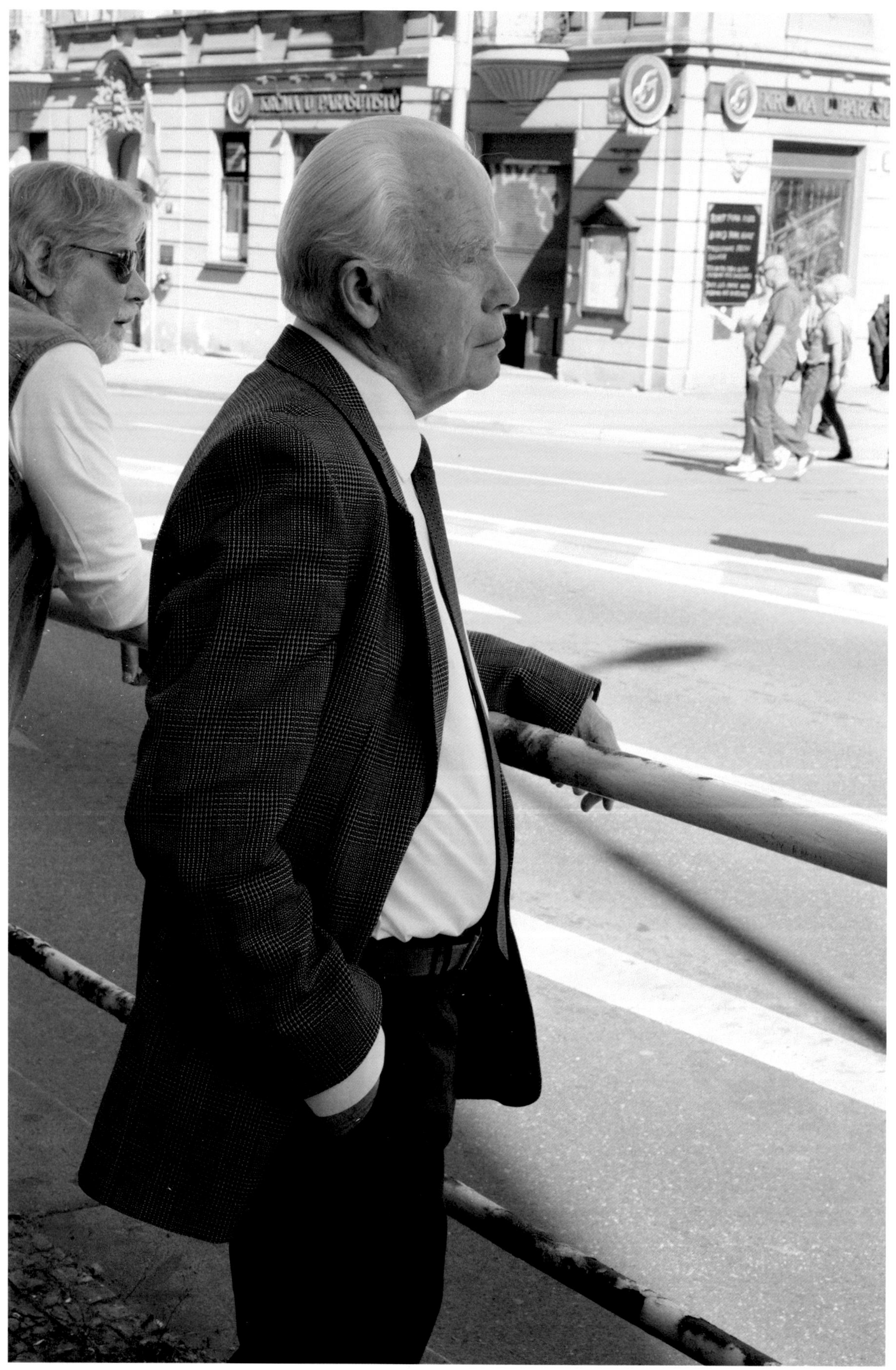

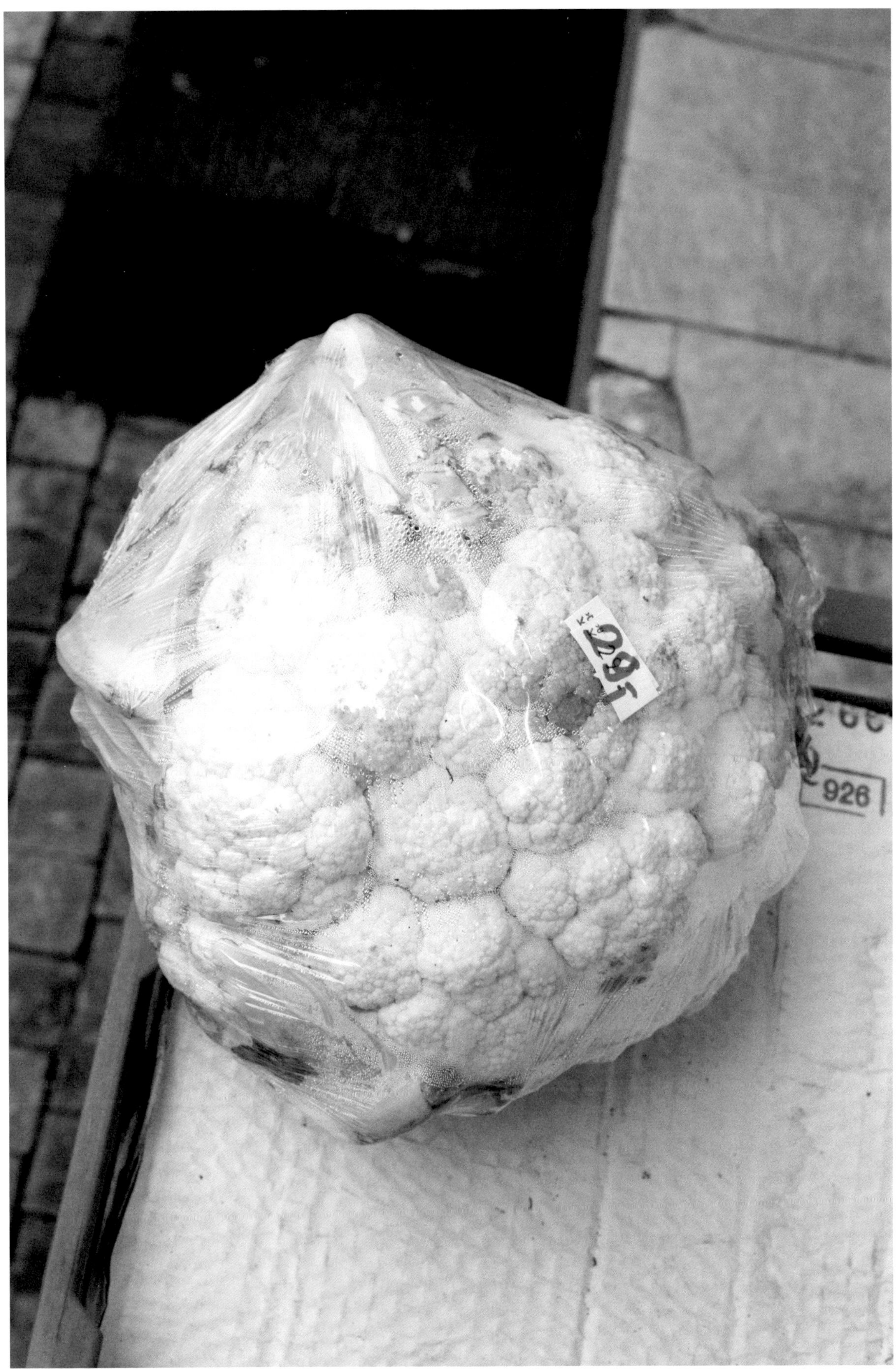
926

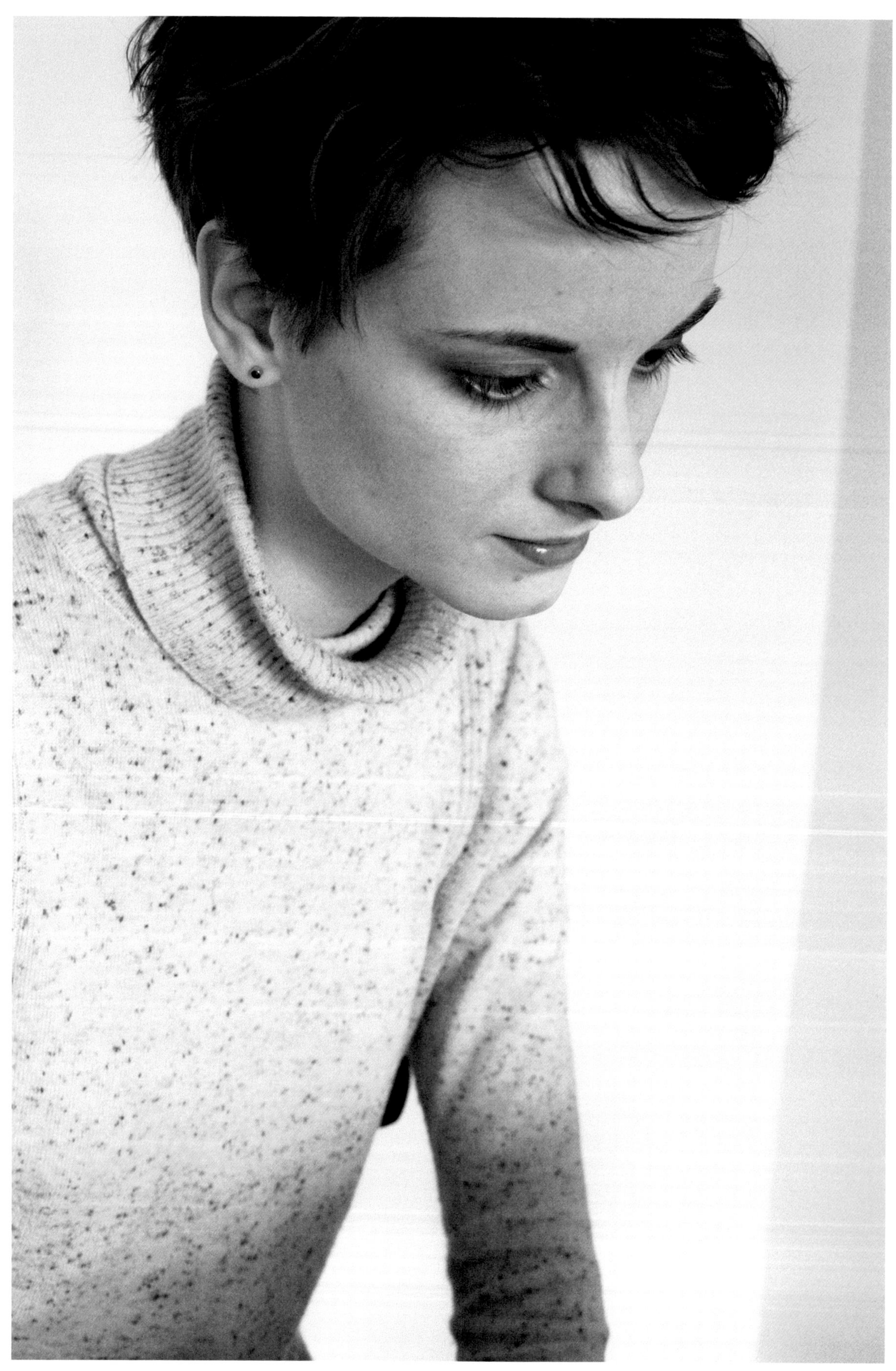

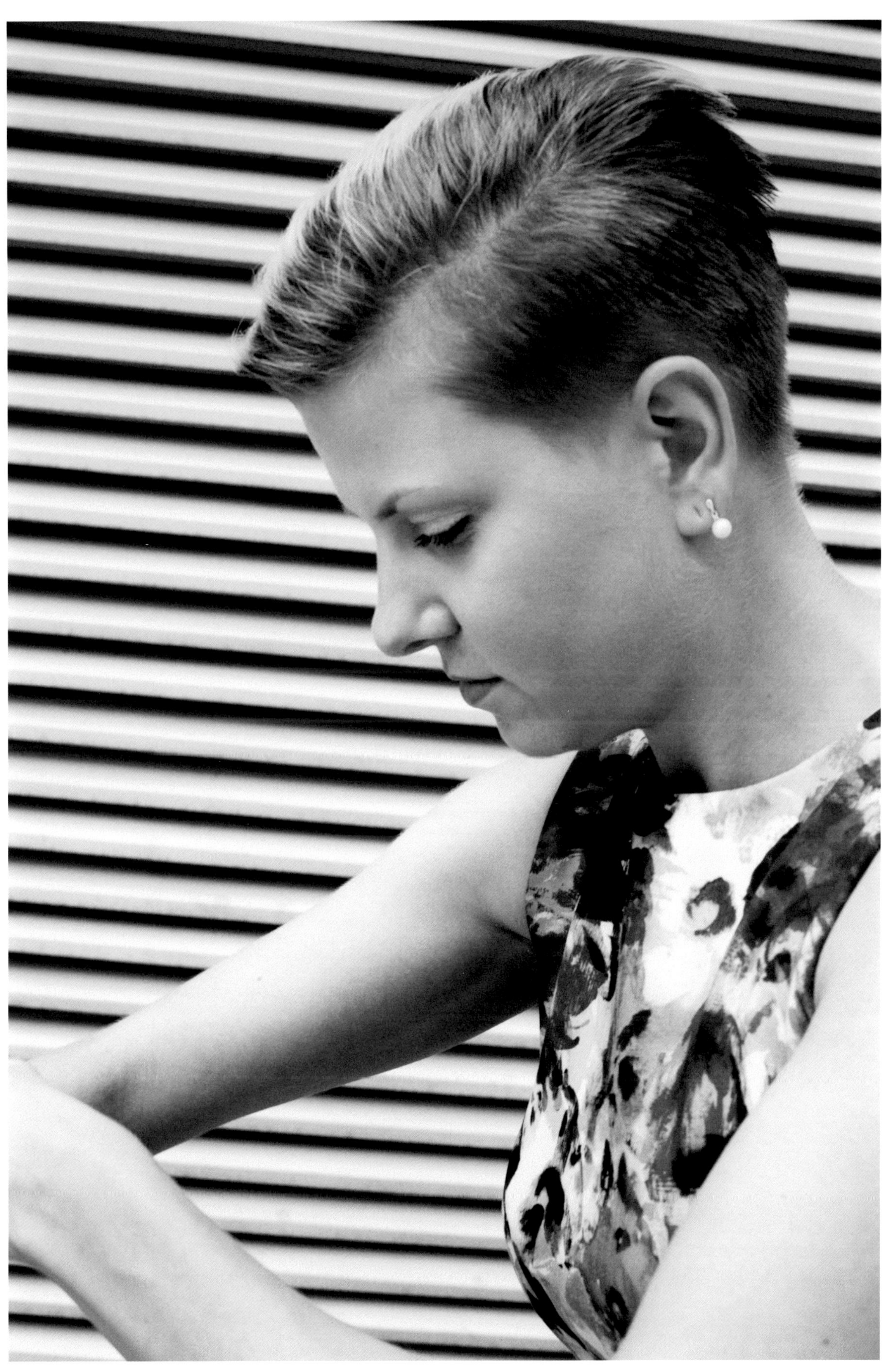

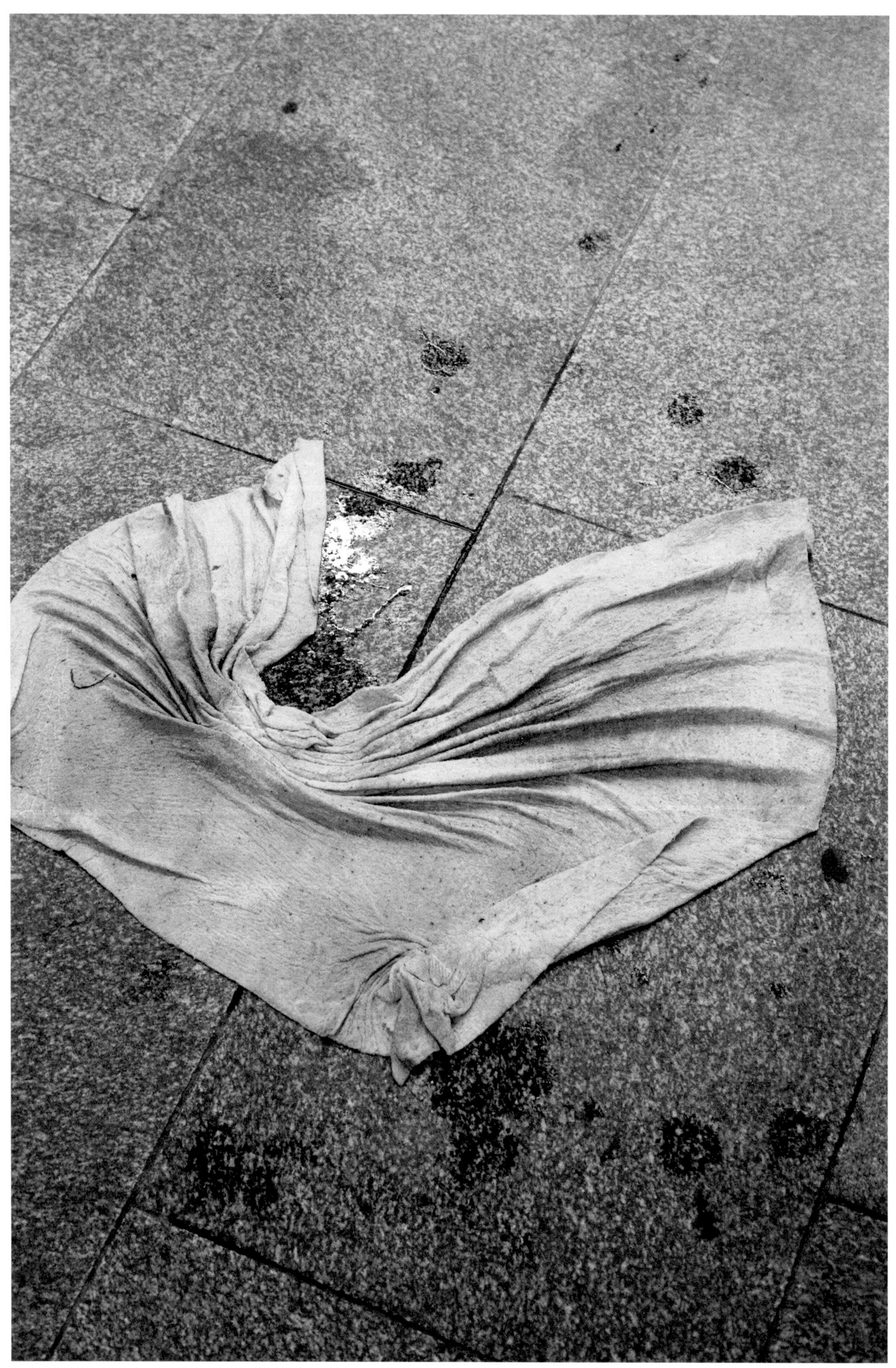

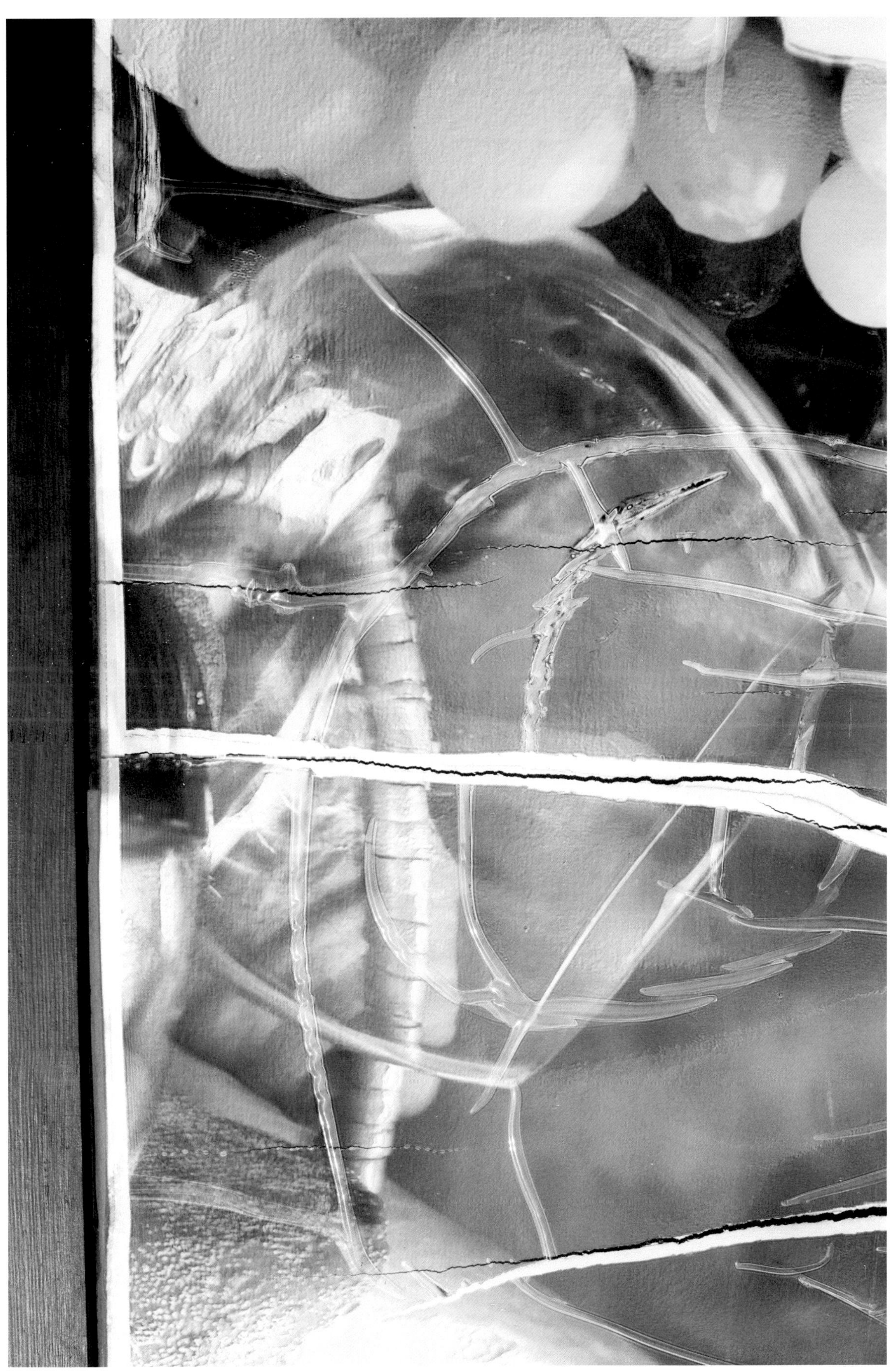

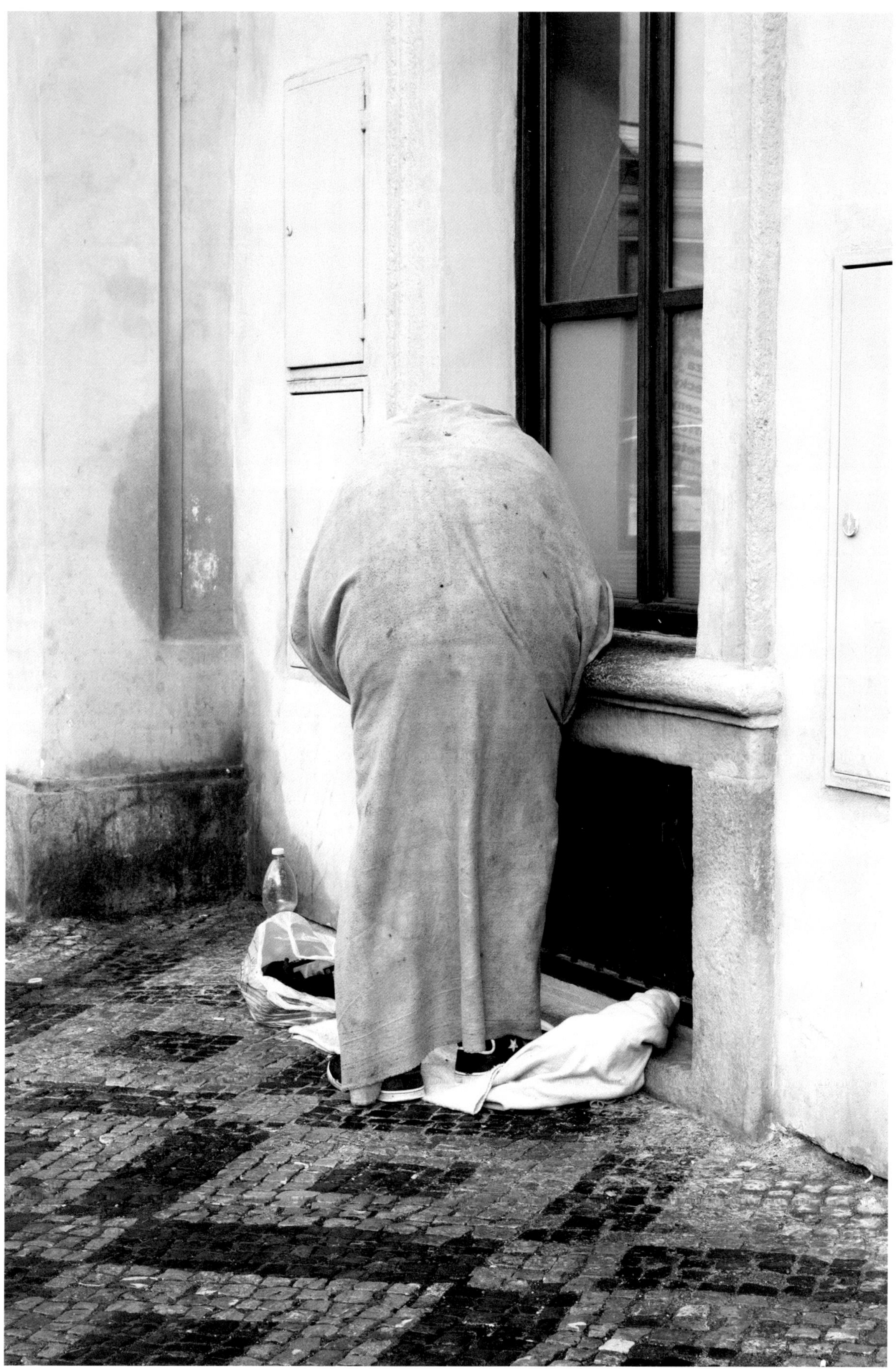

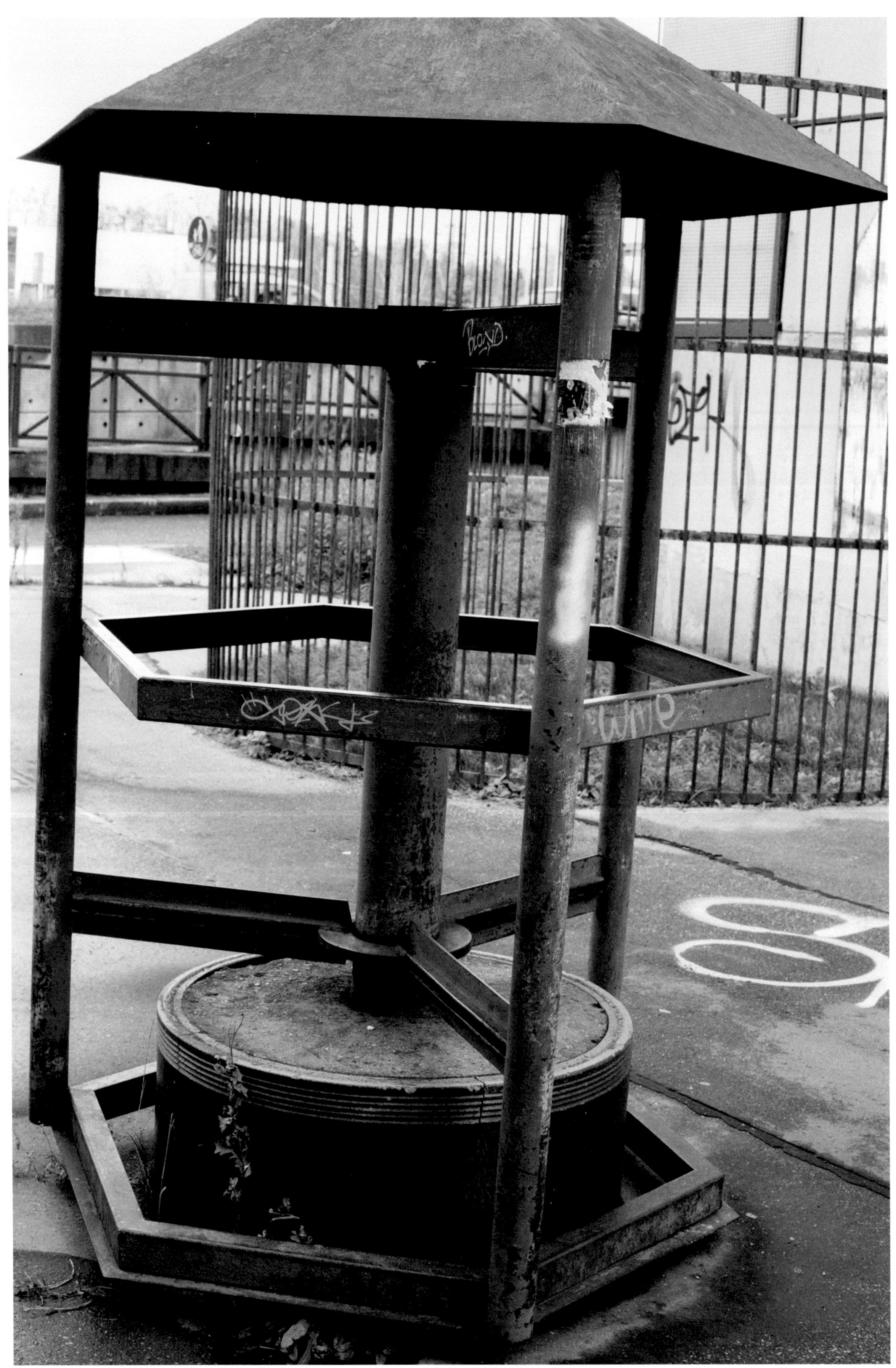

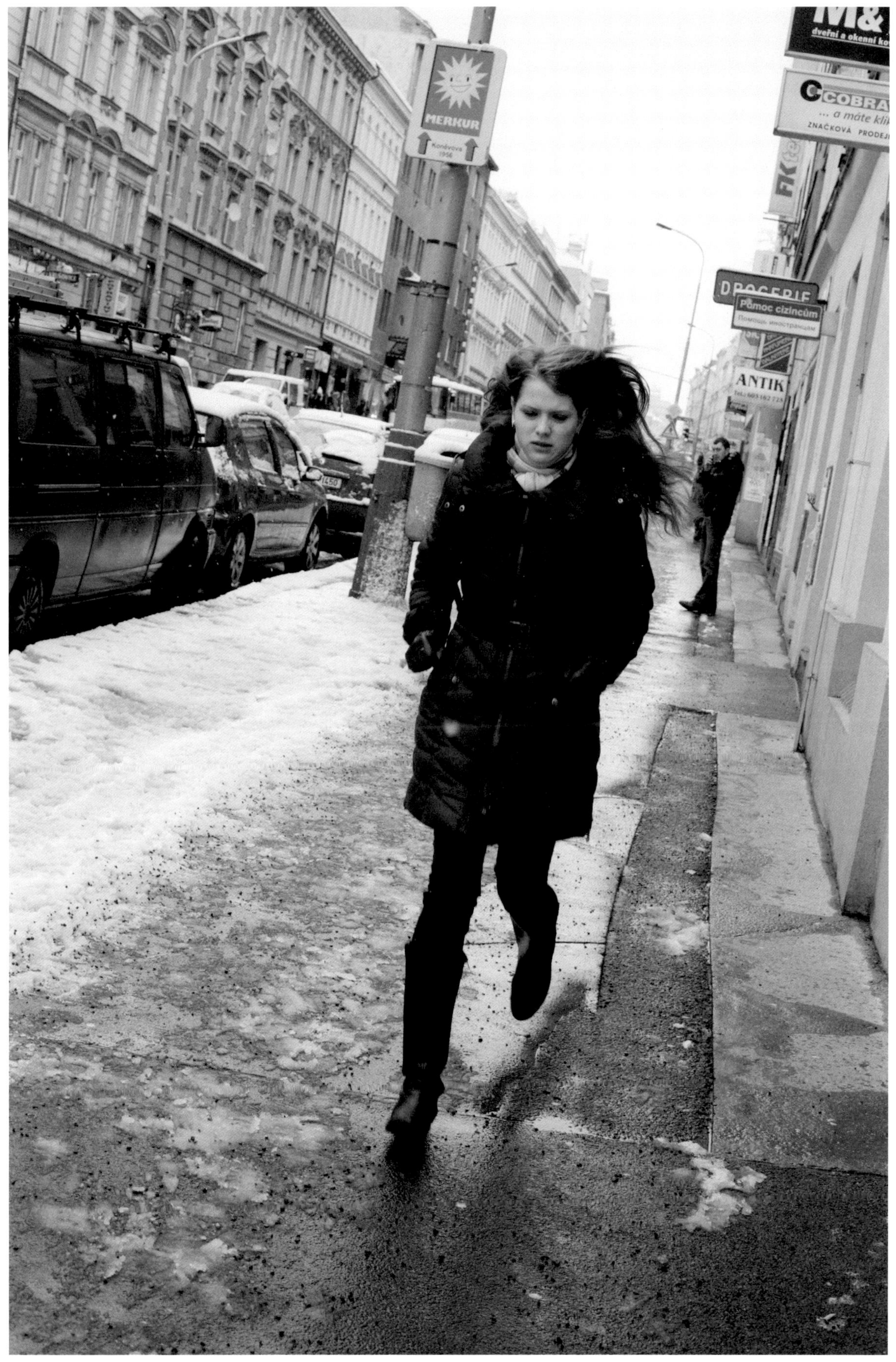
MERKUR
Pomoc cizincům
Помощь иностранцам
ANTIK

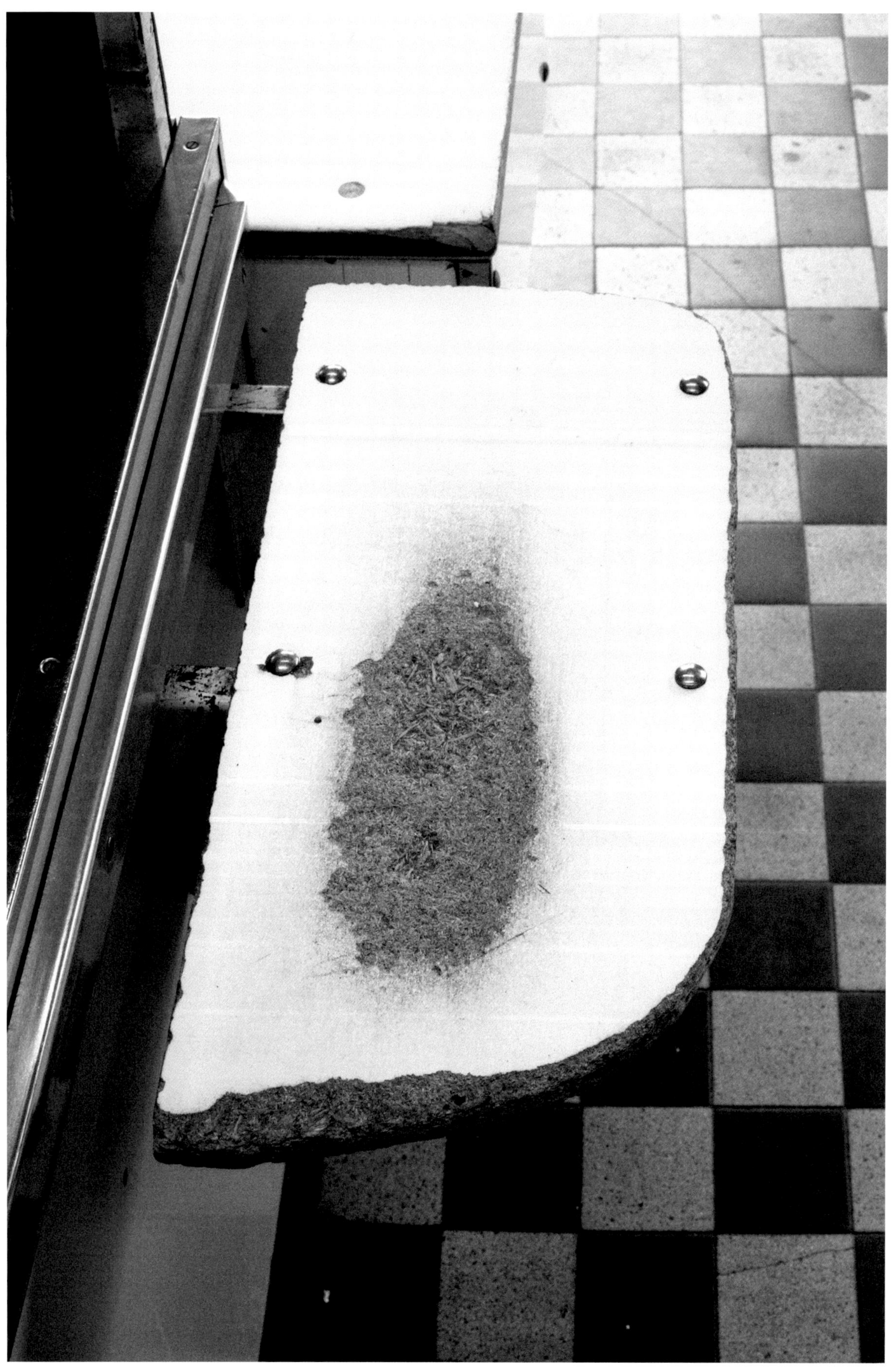

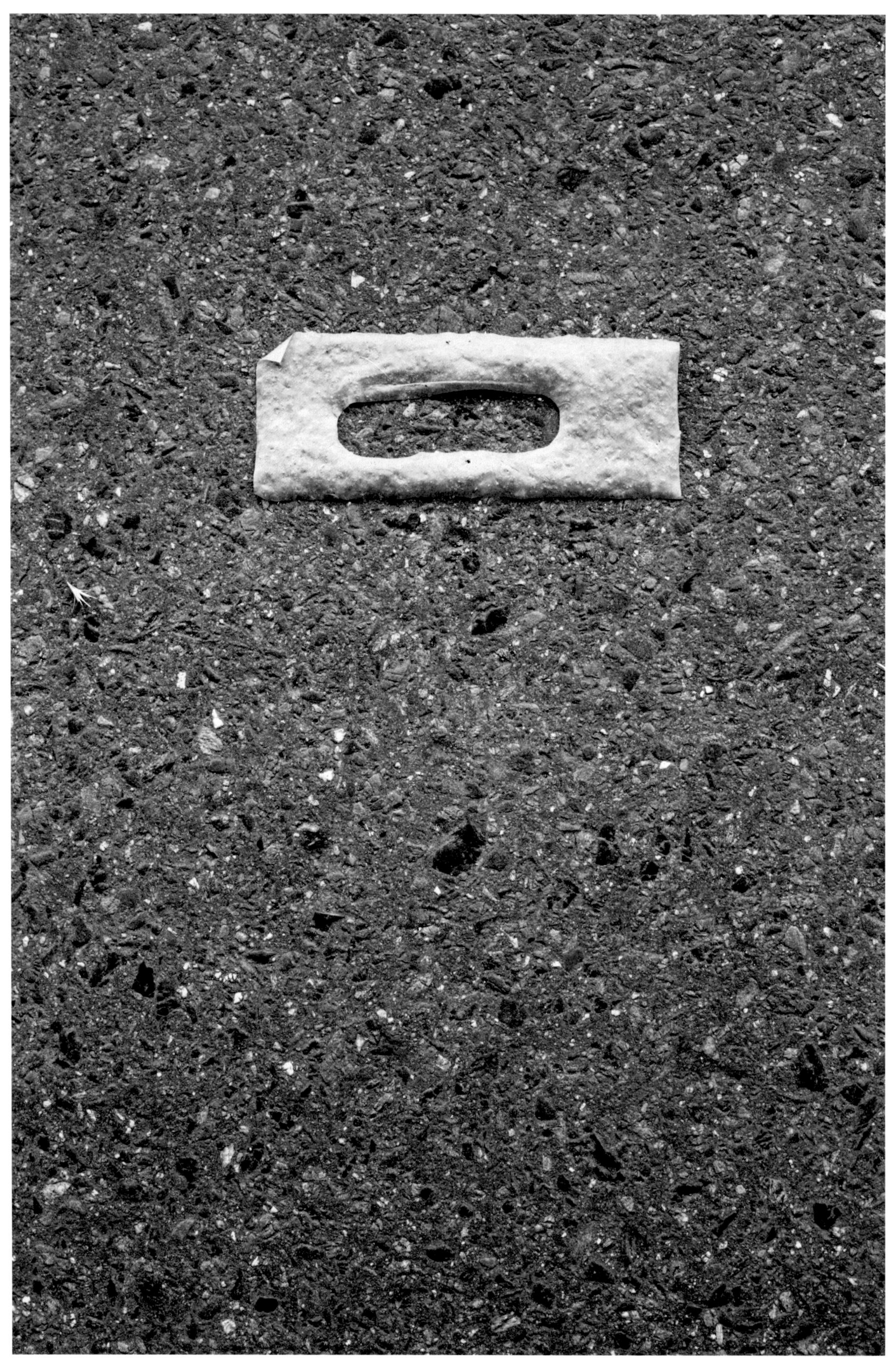

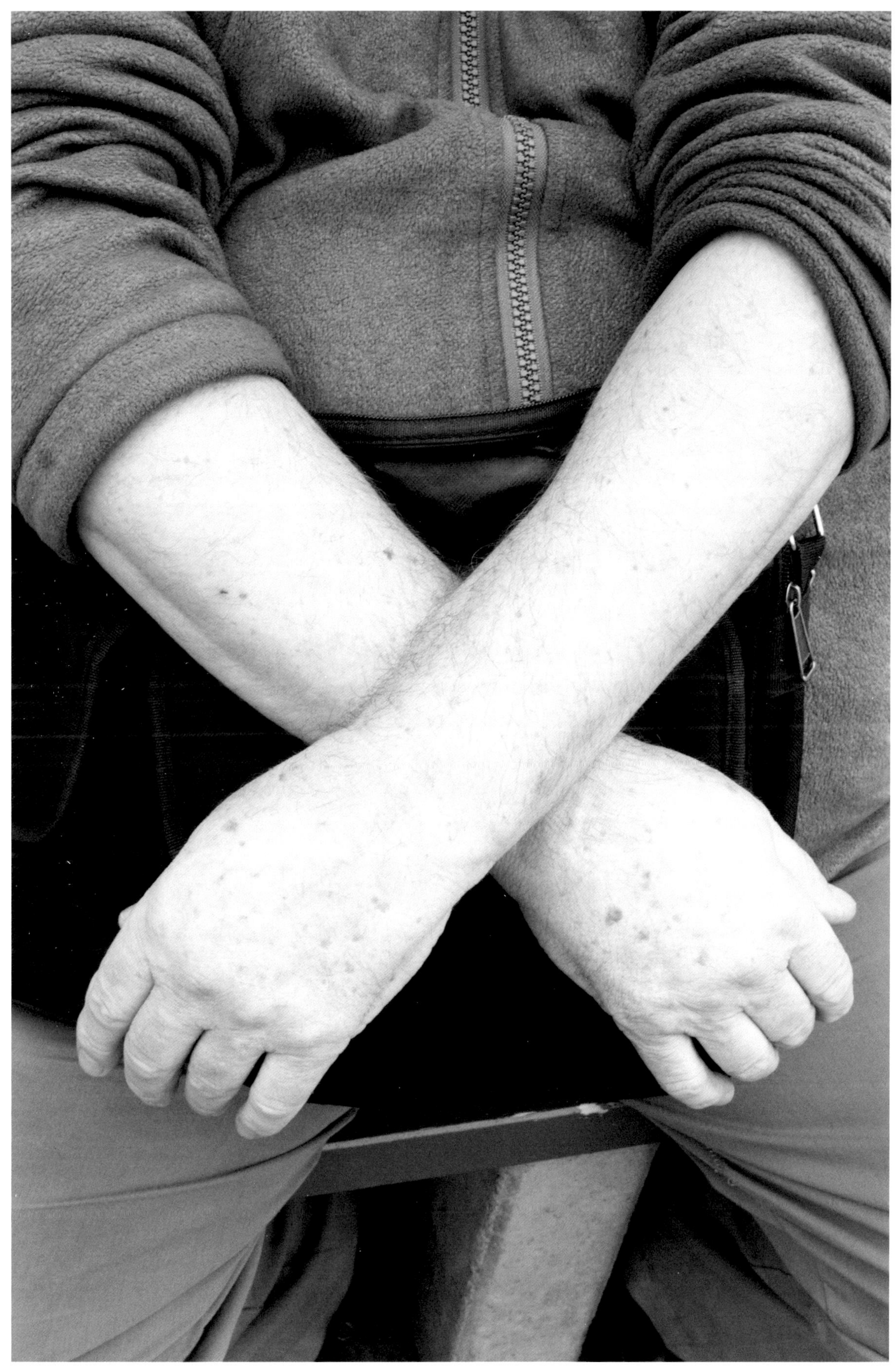

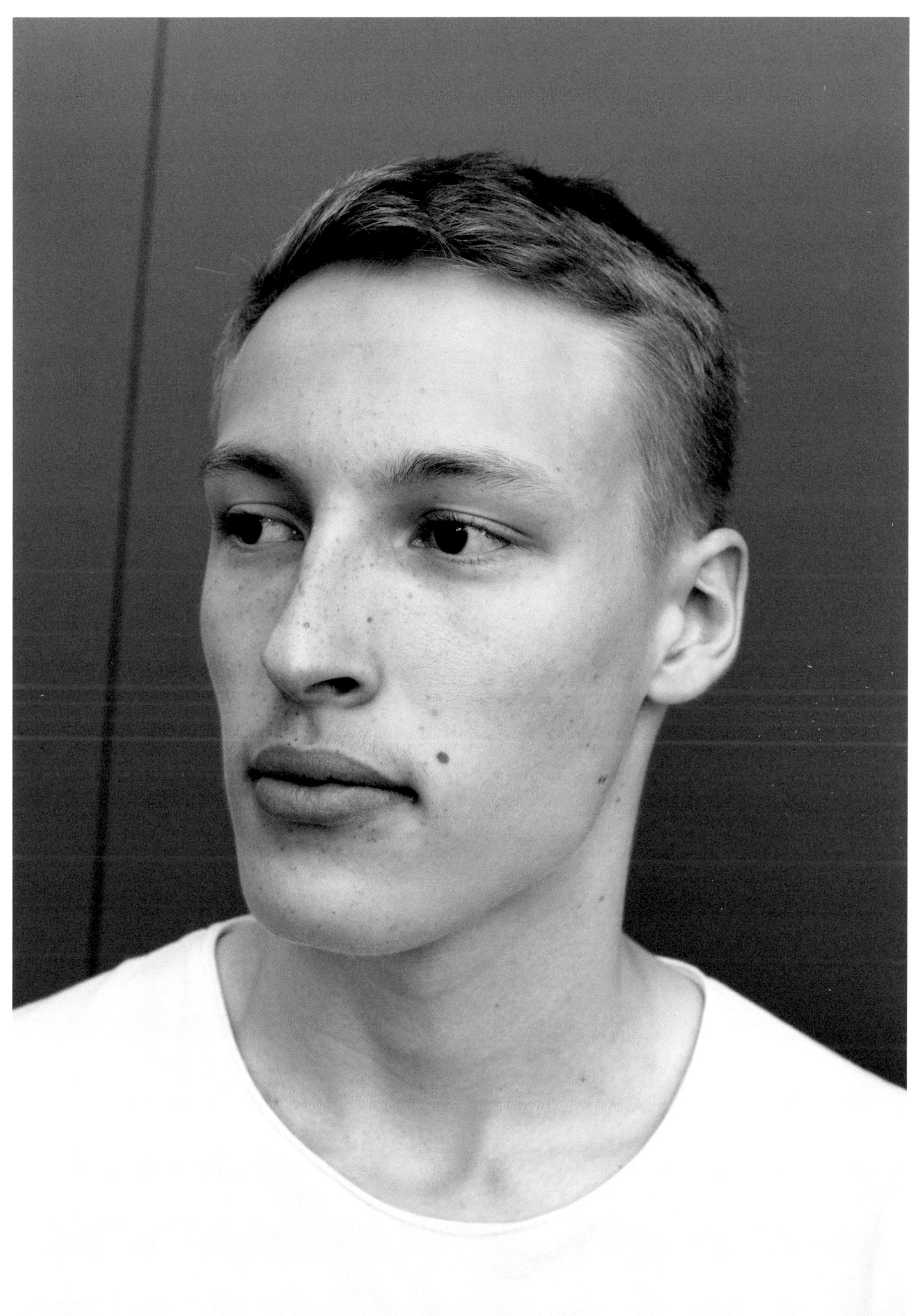

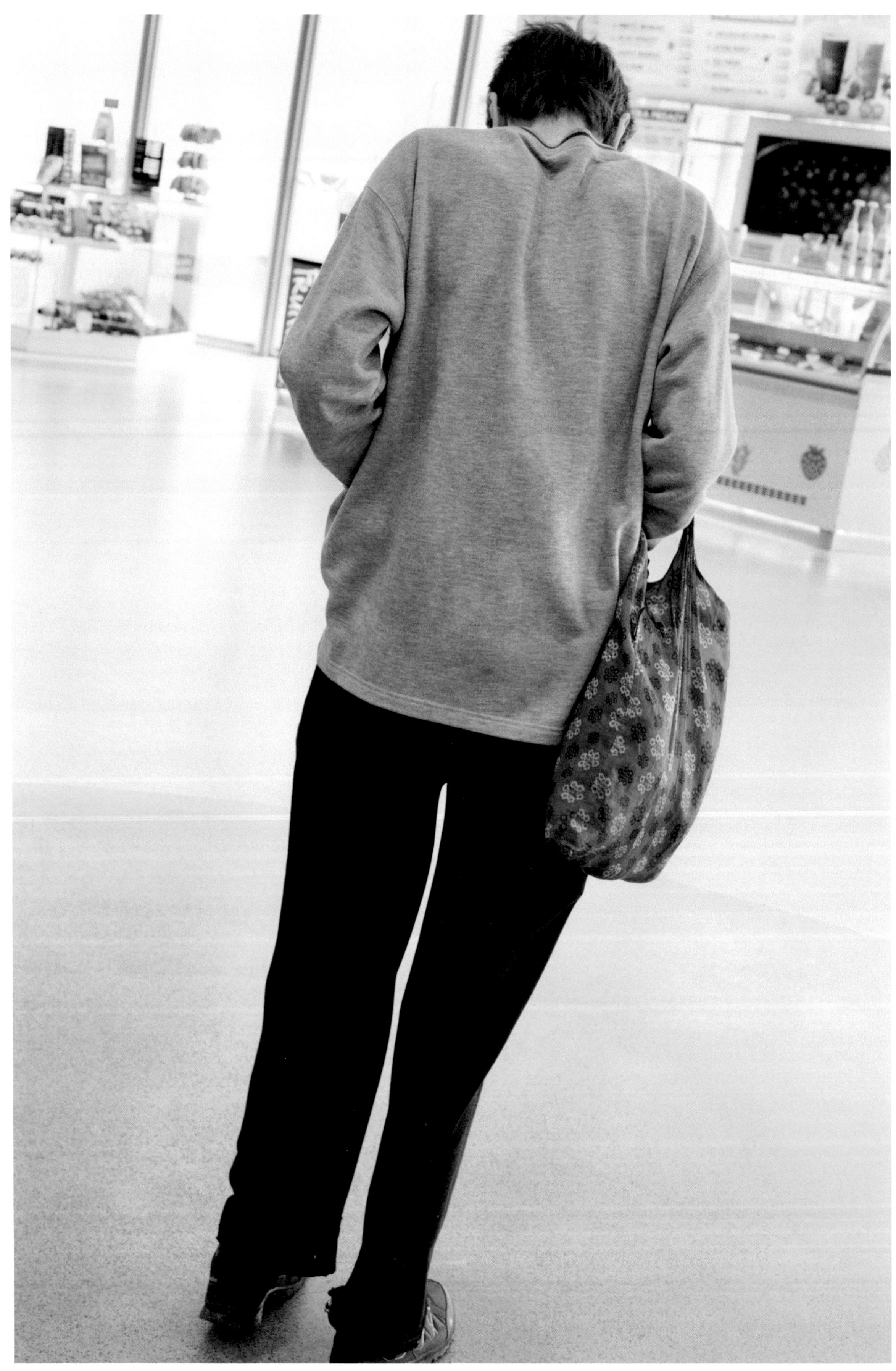

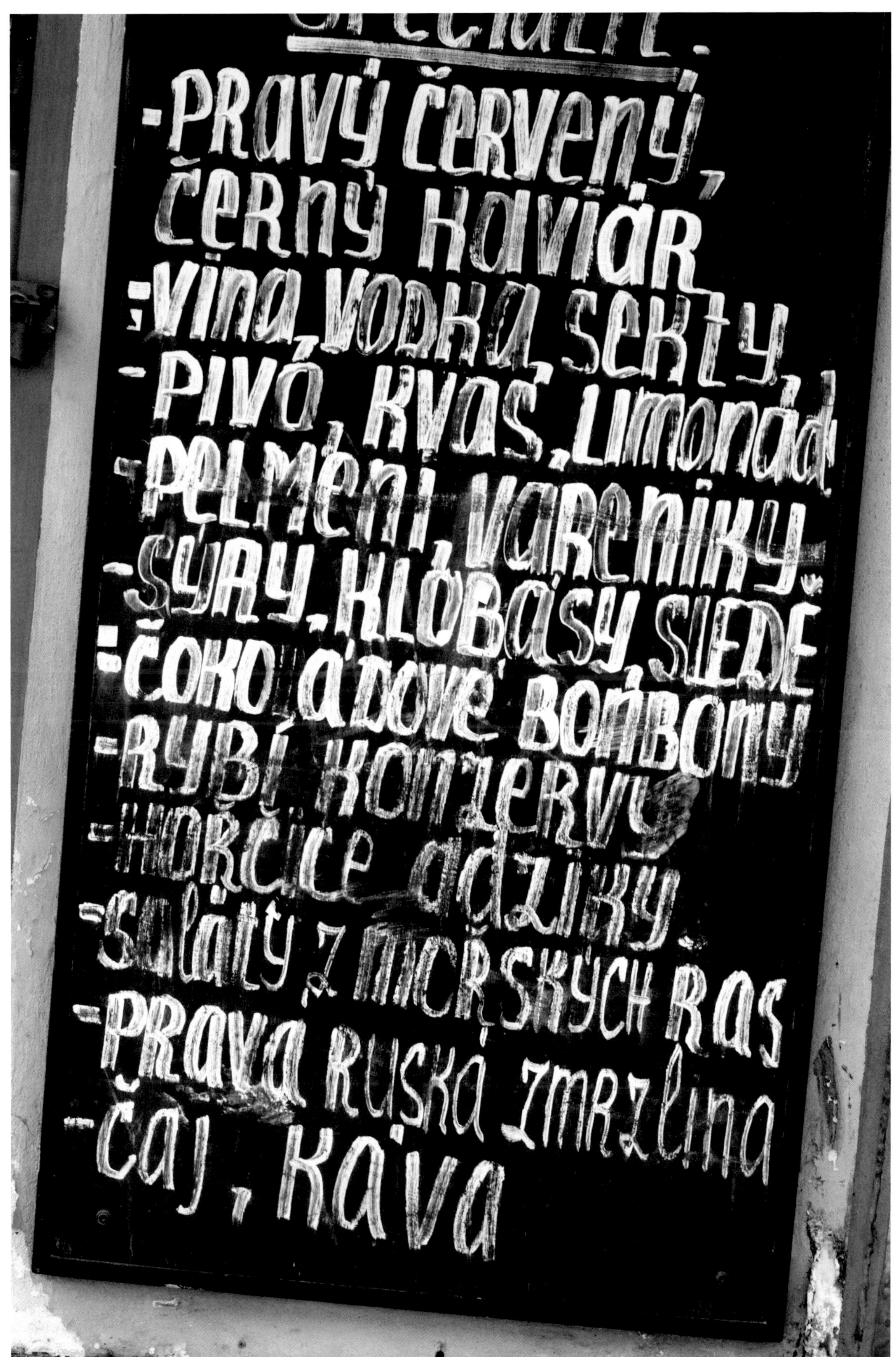
-PRAVÝ ČERVENÝ,
ČERNÝ KAVIÁR
-VÍNA, VODKA, SEKTY,
-PIVA, KVAS, LIMONÁD
-PELMENI, VARENIKY,
-SÝRY, KLOBÁSY, SLEDĚ
-ČOKOLÁDOVÉ BONBONY
-RYBÍ KONZERVY
-HOŘČICE, ADŽIKY
-SALÁTY Z MOŘSKÝCH RAS
-PRAVÁ RUSKÁ ZMRZLINA
-ČAJ, KÁVA

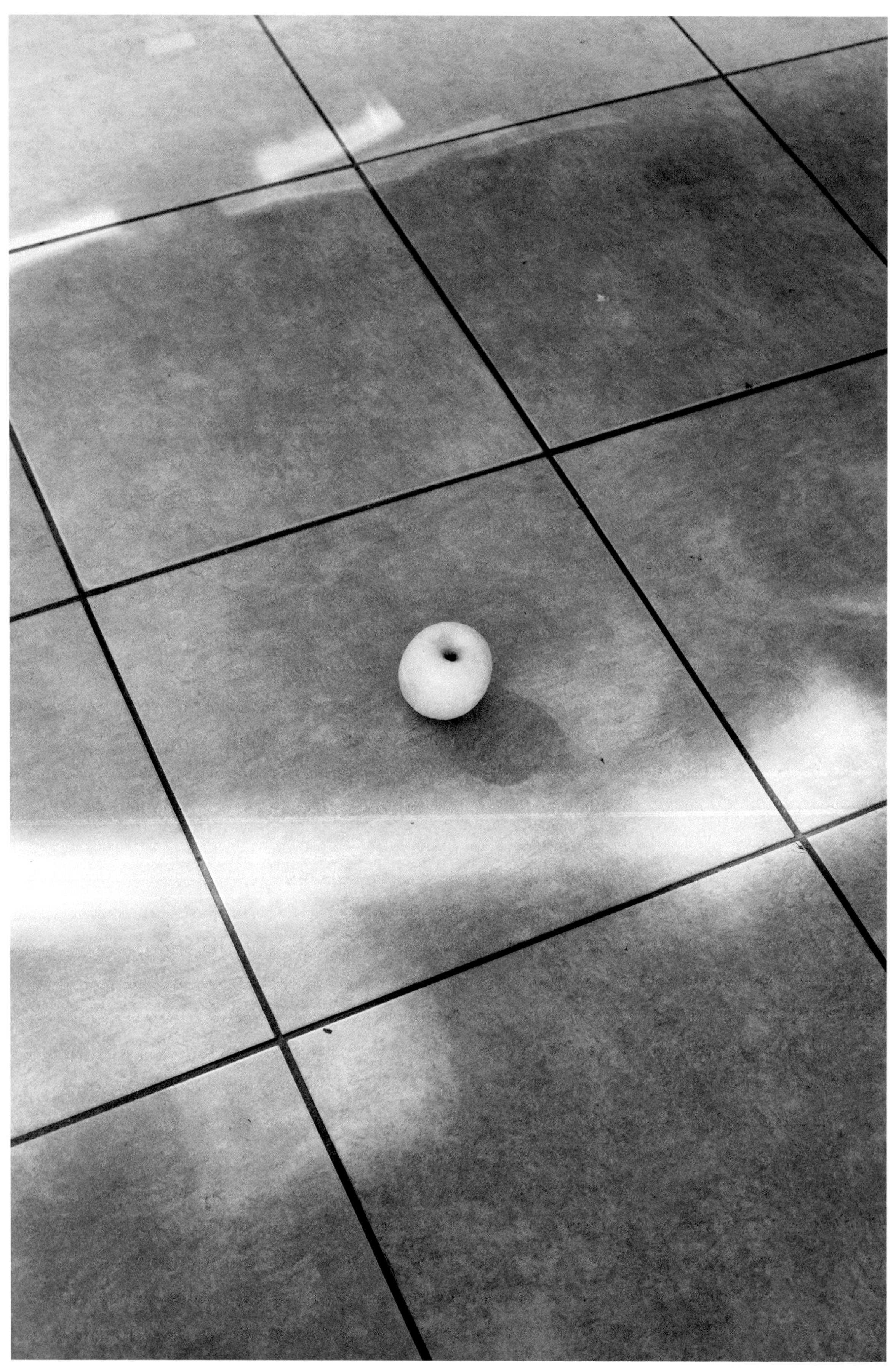

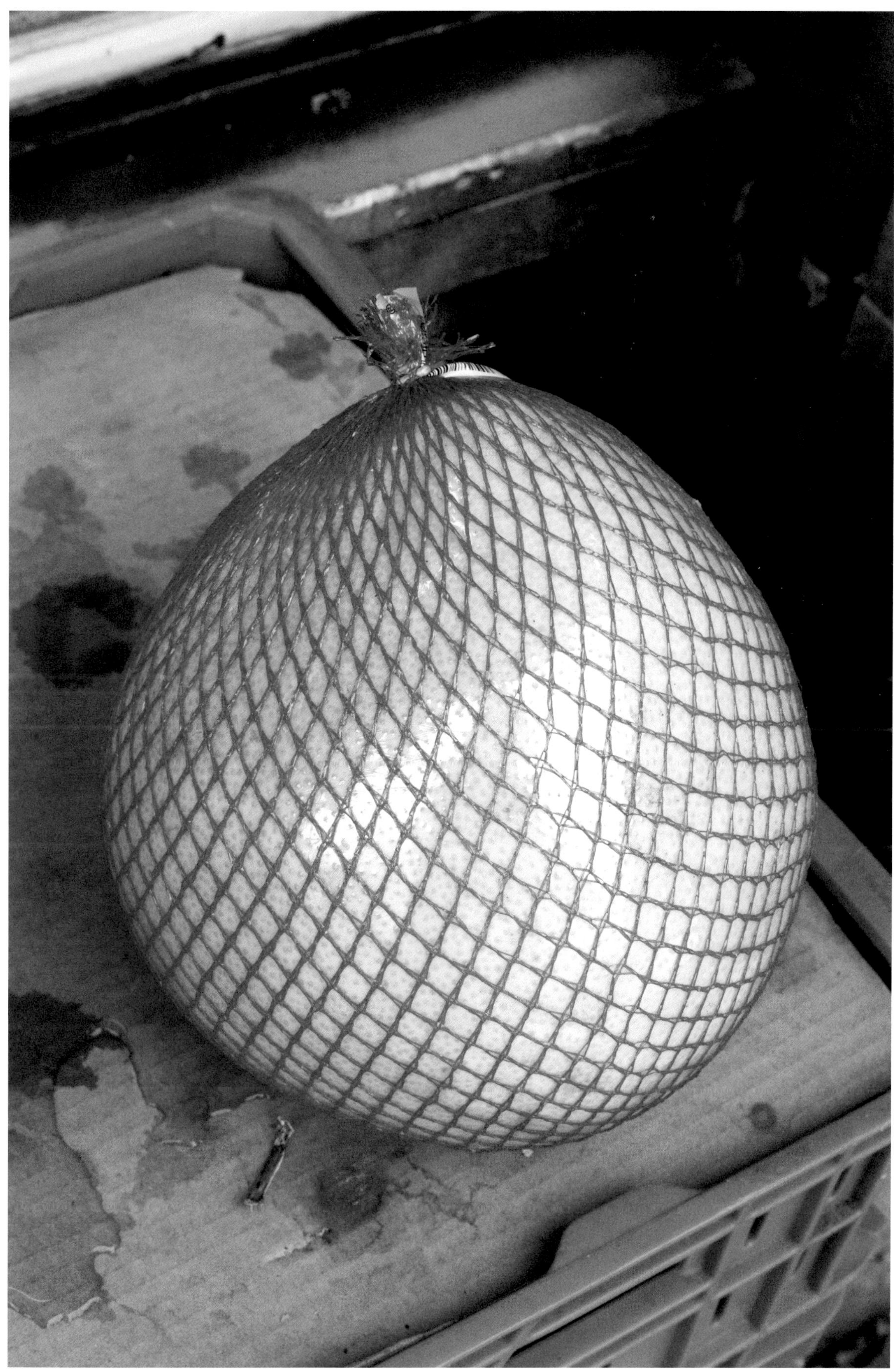

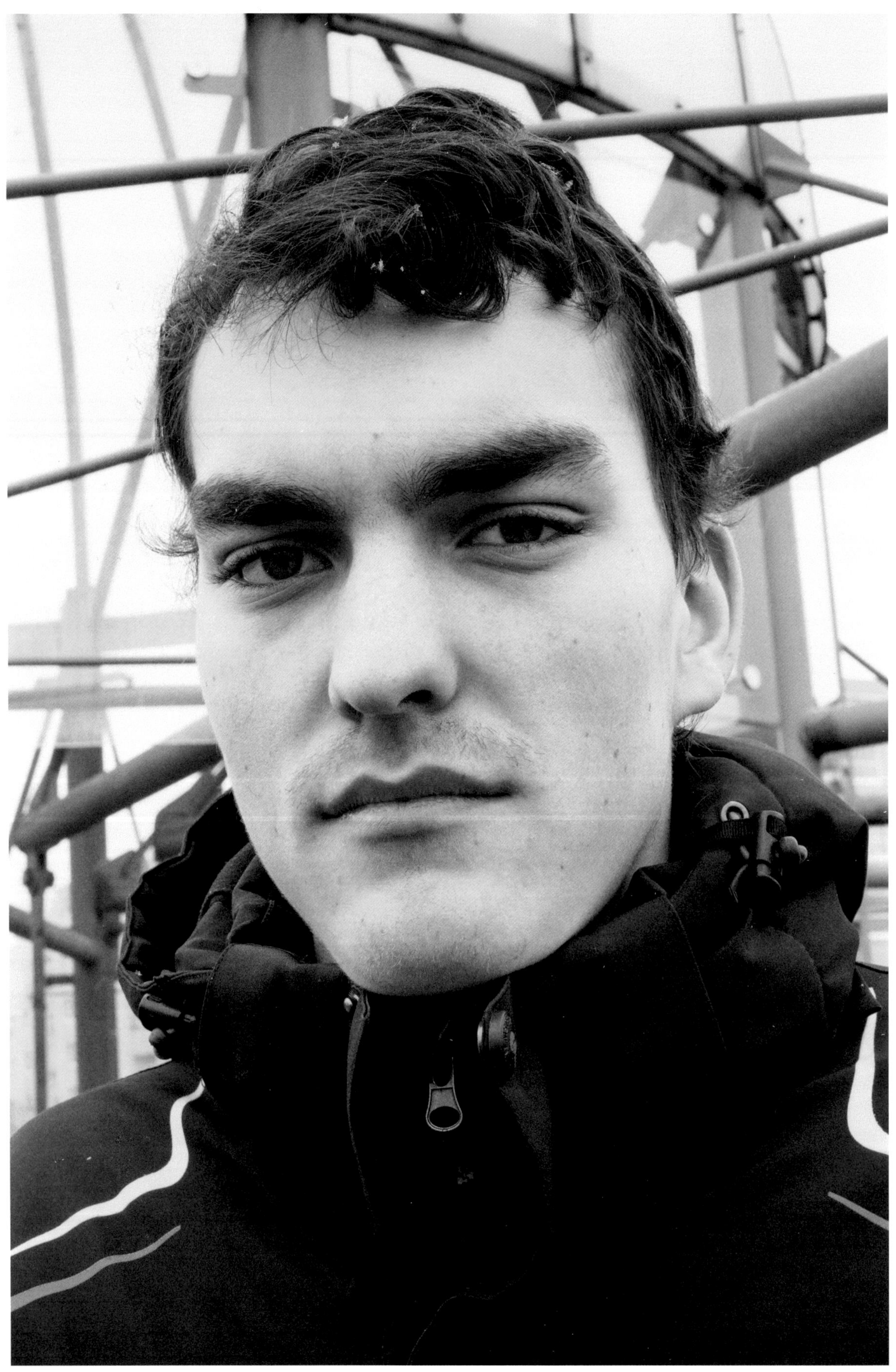

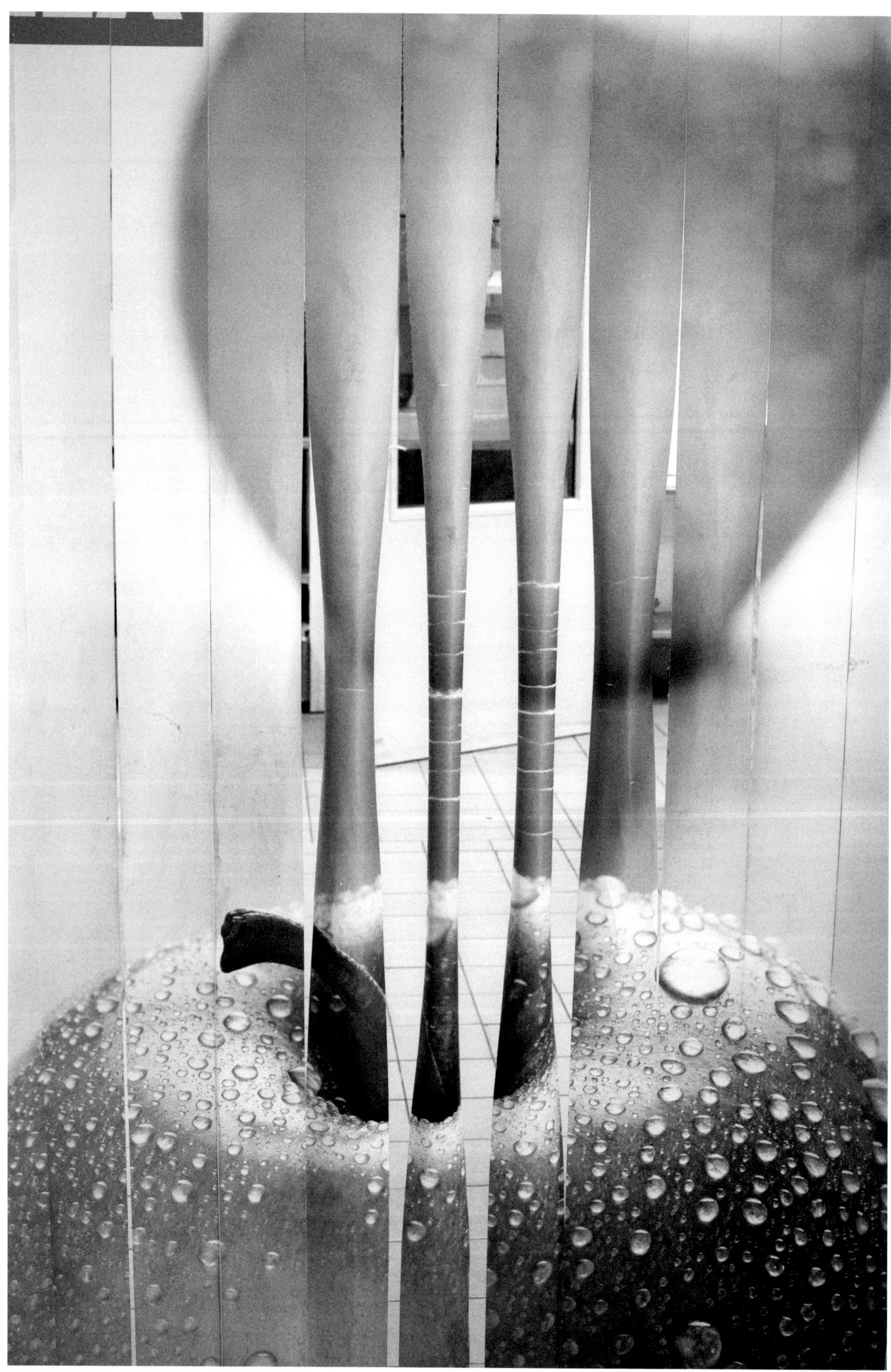

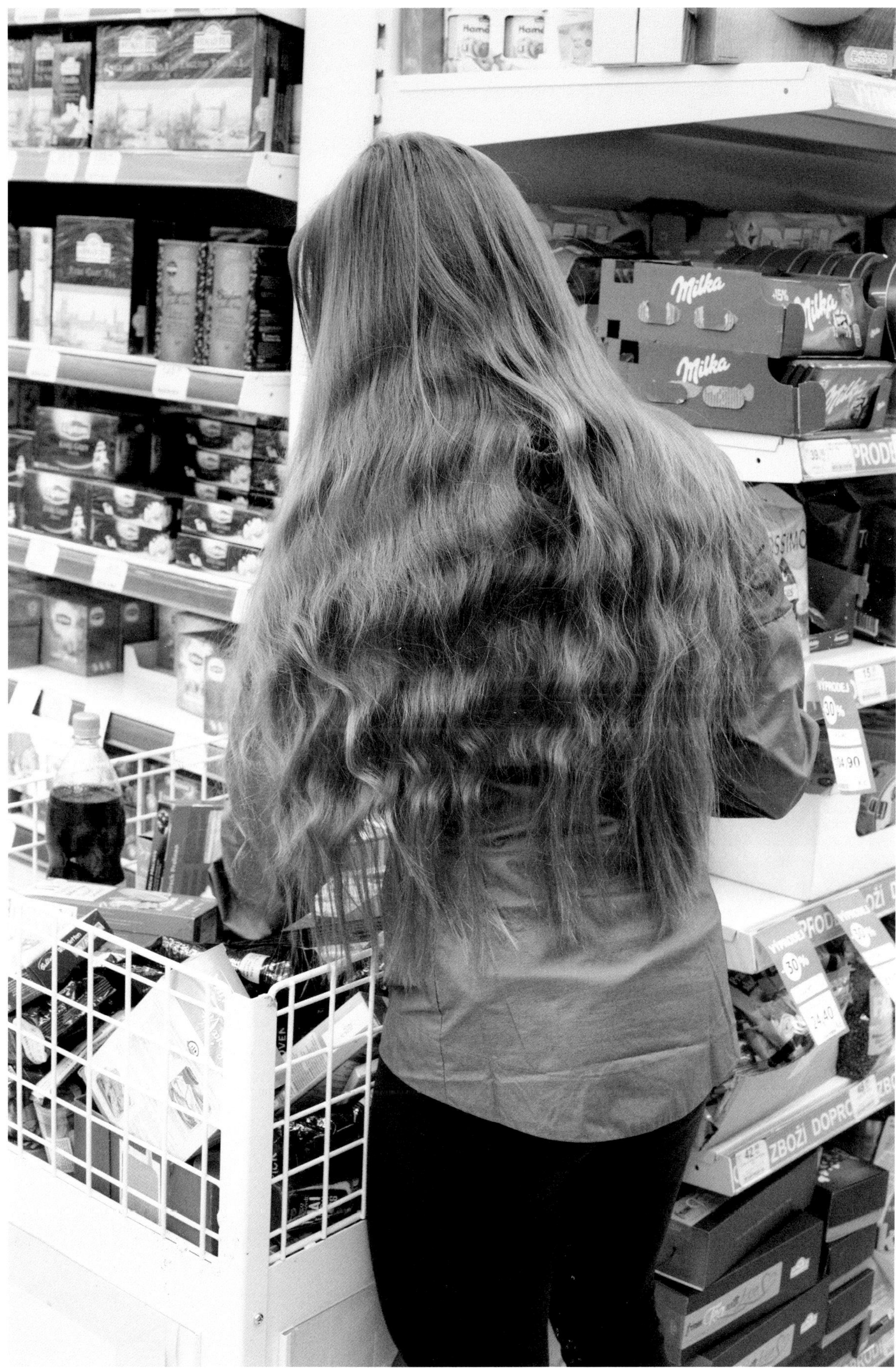
Milka
Milka

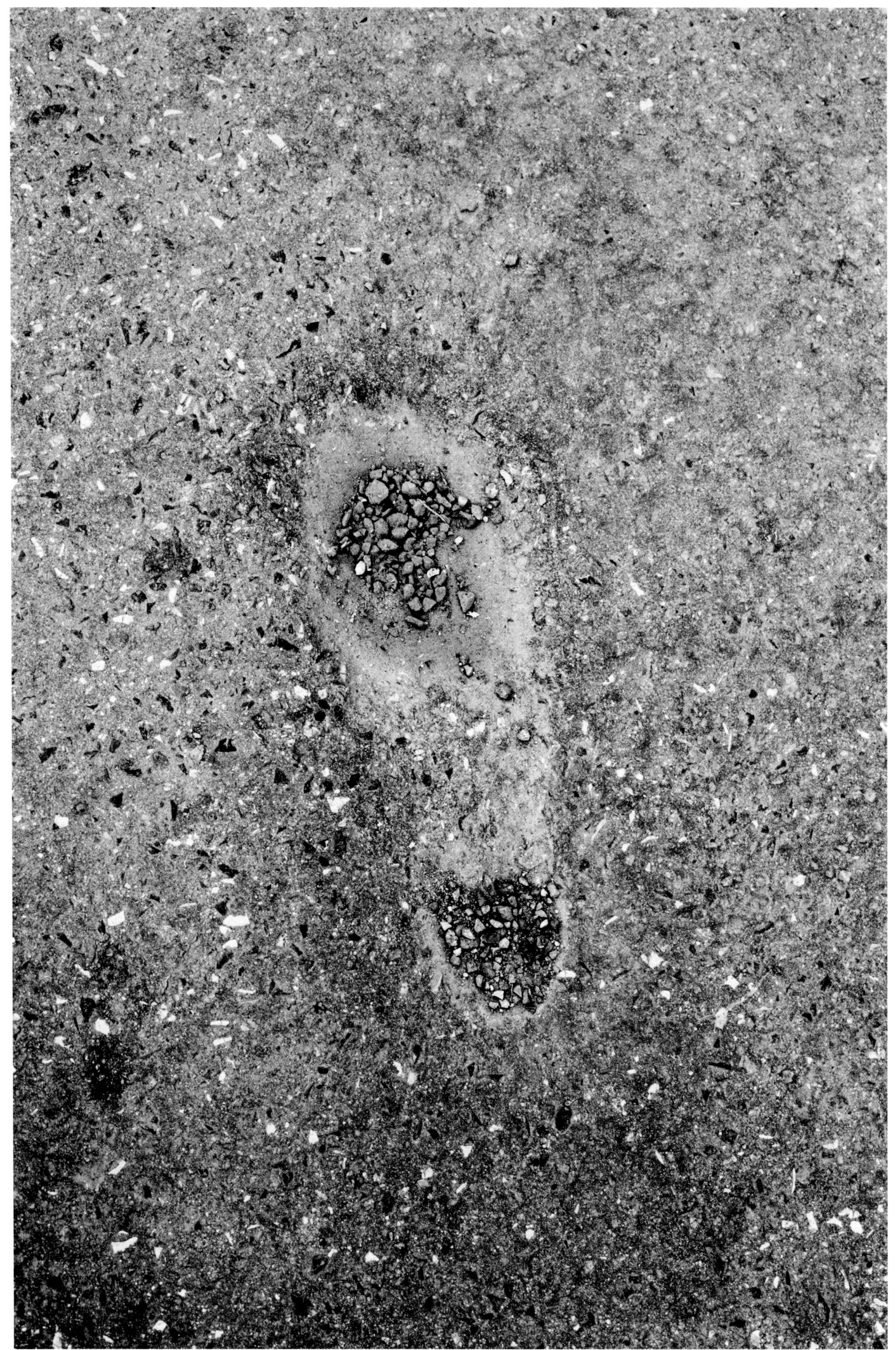

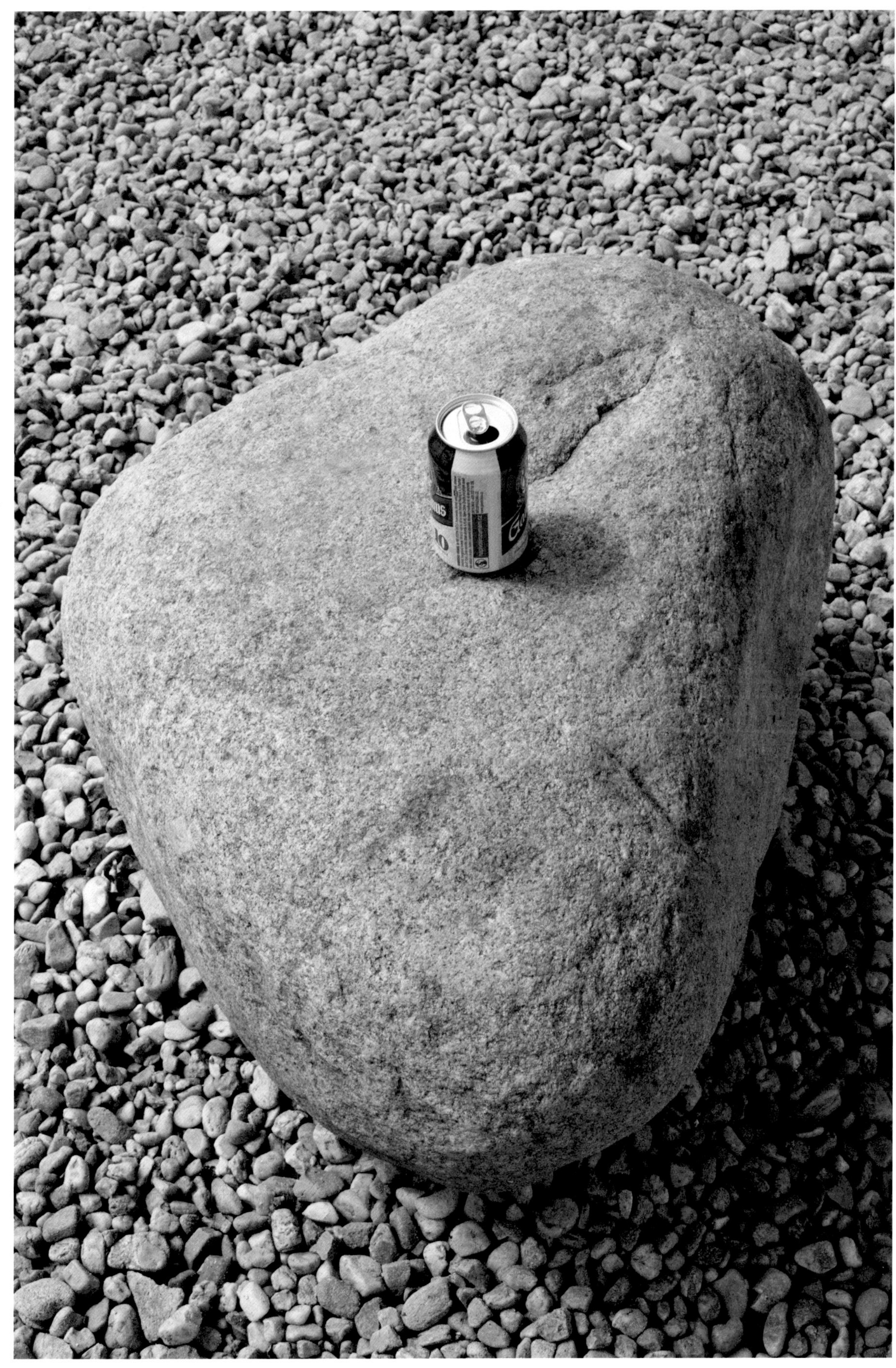

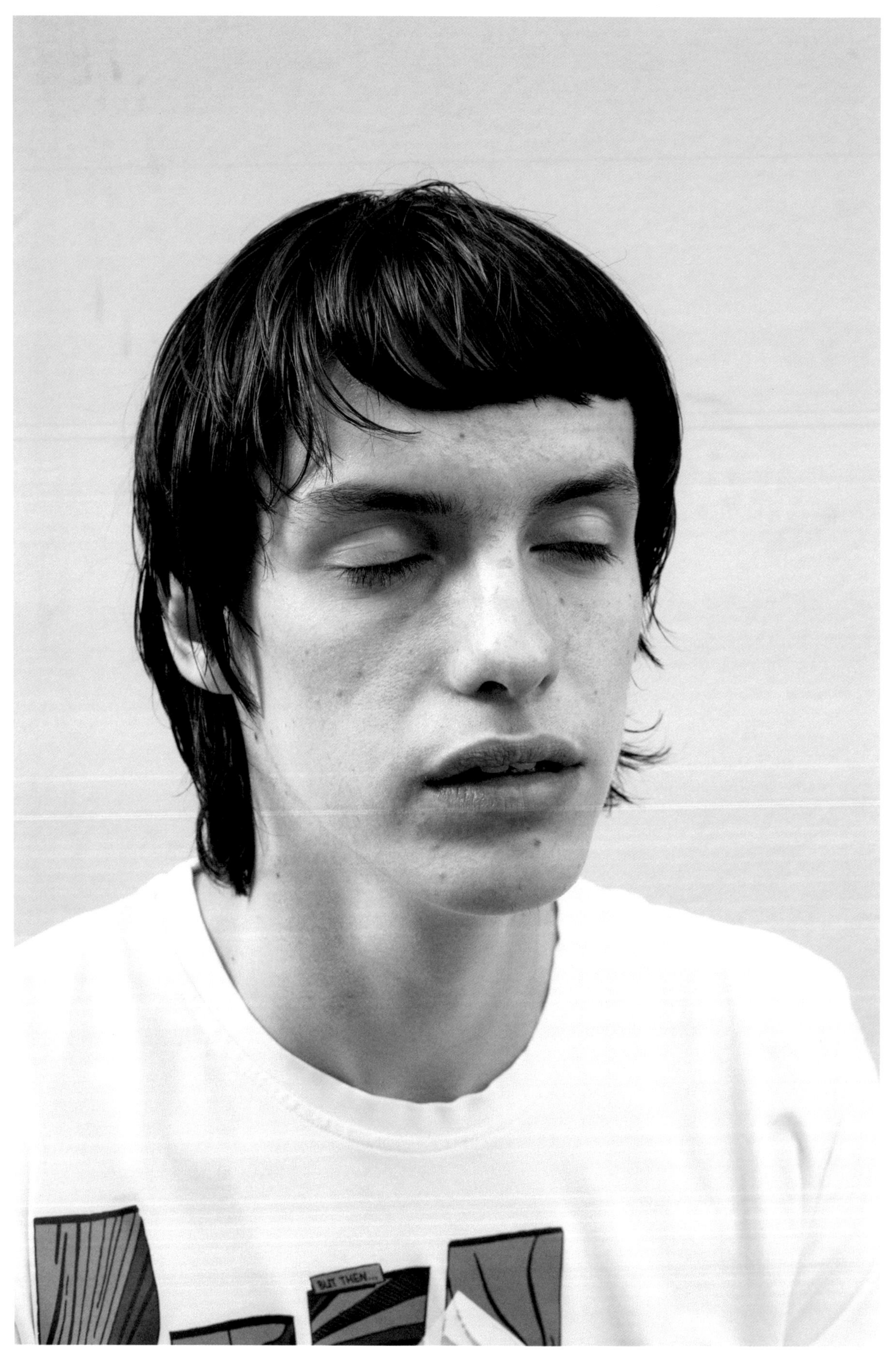
BUT THEN...

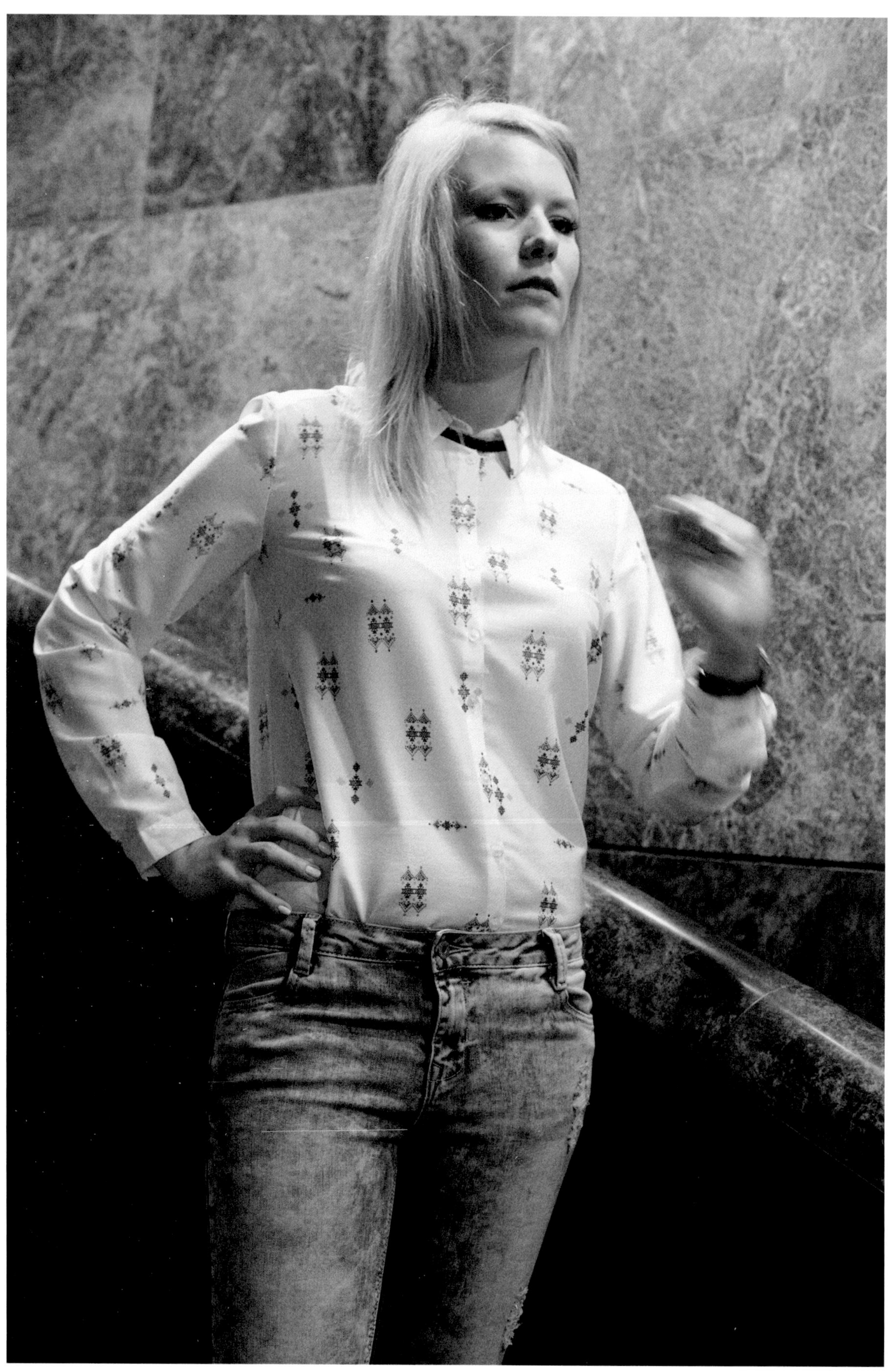

Stephanie Kiwitt: *Máj/My.* Co-published by *Akademie der Künste, Berlin,* and *Camera Austria, Graz.* Typography: *Markus Dreßen, Spector Bureau.* Lithography: *Atelier KZG, Belgium.* Typeface: *Academica, Storm Type Foundry.* Paper: *PEYER Peydur Lissé, 270 g/m²; Maxi Gloss, 170 g/m².* Printing: *Ruksaldruck, Berlin.* Translation: *Barbora Schnelle* (CZ), *Chris Michalski* (EN). Published by *Spector Books, Harkortstr. 10, 04107 Leipzig, www.spectorbooks.com.* Distribution: Germany, Austria: *GVA, Gemeinsame Verlagsauslieferung Göttingen GmbH & Co. KG, www.gva-verlage.de.* Switzerland: *AVA Verlagsauslieferung AG, www.ava.ch.* France, Belgium: *Interart Paris, www.interart.fr.* UK: *Central Books Ltd., www.centralbooks.com.* USA, Canada, Central and South America, Africa, Asia: *ARTBOOK | D.A.P. www.artbook.com.* South Korea: *The Book Society, www.thebooksociety.org.* Australia, New Zealand: *Perimeter Distribution, www.perimeterdistribution.com.*

Printed in Germany – ISBN 978-3-95905-239-9

SPECIAL THANKS TO

Petra Hůlová, Markéta Kinterová and Jan Šikl.

This publication was made possible by the Ellen Auerbach Scholarship for Photography of the Akademie der Künste, Berlin.

AKADEMIE DER KÜNSTE